# Corpus Hermeticum

## Den Hermetiske Lære

Oversatt av Rune Ødegaard

KRYSTIANIA

Published 2010 by Krystiania

Cover: Sølvi Nykland

ISBN 978-82-998243-3-0

# INNHOLD

# FORORD

Corpus Hermeticum er en tekstsamling bestående av en rekke samtaler mellom Hermes og hans elever Tat og Asclepius, og mellom Hermes og hans guddommelige bevissthet. Tekstene formidler en omfattende lære og la grunnlaget for det som for ettertiden har blitt kalt hermetisme.

Trolig er tekstene skrevet av ulike forfattere innen en krets av hermetikere, da de ikke alltid gir en homogen forklaring på de teologiske og filosofiske emnene som drøftes i de forskjellige skriftene. Det kan derfor være passende å anse hver av delene som innspill i en hermetisk debatt om Gud, mennesket og meningen med tilværelsen.

Hermes Trismegistus, eller Den trefoldig store Hermes, er hovedpersonen i verket. Han er vismannen som forbindes med den greske guden Hermes, og med egypternes Thoth. Som menneske er han blitt sammenliknet med Moses, og tidligere fantes det også en oppfatning om at disse var én og samme person.

Hermes Trismegistus har blitt ansett som opphavet til astrologien, så vel som til spådomskunsten og utøvelsen av magi. Han danner således et bilde av en fullkommen vismann, og en som innvier mennesket i de guddommelige mysteriene.

# Kort om tekstens historie

I 1460 kom munken Leonardo de Pistoia til Cosimo de Medicis hoff i Italia, med en samling greske tekster, som hadde Hermes Trismegistus som hovedperson. Cosimo de Medici var lidenskapelig opptatt av de gamle mysterietradisjonene, og fikk tekstene oversatt. Det er denne samlingen med skrifter som omtales som *Corpus Hermeticum*.

Ved første datering av verket ble det antatt å stamme fra tidlig jødedom, og det ble hevdet at verket hadde påvirket utviklingen av kristendommen, slik den var beskrevet i Bibelen. Hermetisme ble derfor antatt av kristne tenkere i samtiden, slik som Giordano Bruno. Krefter i den katolske kirken var skeptiske til denne utviklingen, da den blant annet førte med seg ulike former for okkult praksis. Dette gjorde at hermetismen gradvis ble forvist fra kristendommen. Den hermetiske tradisjonen fortsatte sitt liv som en undergrunnstradisjon, som ble dyrket i små og lukkede felleskap.

Hermetismen, som formidlet gjennom *Corpus Hermeticum*, har også vært sentral i utviklingen av de esoteriske ordensselskapene i Europa, fra 1600-tallet og frem til vår egen tid. Det vil ikke si at disse ordensselskapene har basert seg eksplisitt og/eller utelukkende på *Corpus Hermeticum*, men at de har gjort bruk av læren om menneskets utvikling og foredling som bakteppe for innvielsesritualer og formidlingsmetode.

Læren som formidles er ikke fullstendig koherent, noe som indikerer at det sannsynligvis ikke har vært én og samme forfatter som har skrevet alle enkelttekstene.

Dette verket har fascinert og inspirert så vel akademikere som åndelig og religiøst søkende mennesker gjennom århundrene; mennesker som søker å fatte tekstenes religiøse og filosofiske mening, så vel som dem som søker tekstens mysterier og en vei til menneskelig foredling. Det er hovedsakelig av sistnevnte grunn at boken er interessant for Krystiania-prosjektet, som her utgir boken på norsk. Fra et eksistensialistisk perspektiv, må vi se forbi de semantiske strukturene som omgir og opprettholder tekstens fortelling, for slik å danne et tolknings- og erfaringsrom for leseren. Derfor er dialogen og den til tider instruerende formen sekundær i forhold til hva verkets tidløse stemme har å fortelle til mennesker som lever i dagens samfunn.

# OM OVERSETTELSEN

*Corpus Hermeticum* er oversatt til utallige språk, men verket har ikke tidligere vært presentert i sin helhet på norsk. "Poimandres", som er den første teksten, er tidligere oversatt til norsk, og er trolig den mest kjente delen av boken.

Oversettelsen som presenteres her, er basert på flere av de eldste oversettelsene av verket, deriblant John Everalds klassiske engelske oversettelse fra 1650.

Bakgrunnen for utvalget av kildene, er imidlertid ikke at de nødvendigvis er markedets mest autoritative oversettelser, men at de har vært de viktigste versjonene blant dem som dannet, reformerte og utviklet Europas initiatoriske ordenssamfunn i tiden fra 1650 til begynnelsen av nittenhundretallet.

*Corpus Hermeticum* har vært viktig i frimureriske ordener og i rosenkreuzer-organisasjoner, og i organisasjoner som anvender det hermetiske navnet som del av sin selvbetegnelse, slik som *The Hermetic Order of the Golden Dawn,* som i Skandinavia hovedsakelig er kjent under navnet *Sodalitas Rosae Crucis.*

I denne norske oversettelsen har jeg lagt hovedvekt på å levendegjøre språket, for å forsøke og fremme leseglede og innsikt for dem som ønsker å studere denne tradisjonstunge teksten.

Det er derfor med stor glede at jeg presenterer denne oversettelsen av hermetismens hjørnestensverk, til glede for norske lesere.

Rune Ødegaard

Gjøvik

Allehelgensaften 2009

9

# BIDRAGSYTERE I PROSESSEN

Spesiell takk rettes til:

Kjersti Løken

Terje Ødegaard

Sølvi Nykland

Joachim Svela

# POIMANDRES

Det skjedde en gang da min bevissthet mediterte på tilværelsens mening, at mine tanker ble hevet til store høyder, mens kroppens følelser ble holdt tilbake. Det kan sammenliknes med følelsen man får når man blir søvnig etter et stort måltid, eller når man er utslitt.

Jeg møtte da et vesen som var enormt, dets størrelse var hinsides alle barrierer, det kalte på meg og sa: "Hva er det du vil høre og se, og hva har du i sinne å lære og å vite?"

Og jeg svarte og sa: "Hvem er du?"

Han sa: "Jeg er Poimandres, menneskenes hyrde, forstanden som ligger bak alt som er virkelig. Jeg vet hva du begjærer, og jeg er med deg alle steder."

Og jeg svarte: "Jeg lengter etter å lære om tilværelsens mening, å fatte dens natur, og kjenne Gud. Det er dette jeg ønsker å forstå."

Han svarte meg og sa: "Hold i bevisstheten alt du vil vite, så skal jeg lære deg."

Og med disse ord forandret han utseende, og med ett slag åpnet alt seg for meg, og jeg så et uendelig syn, alt ble lys; vakkert og gledelig lys - og synet fylte meg med lengsel.

Men så kom mørket og dekket deler av lyset, dystert og overveldende, med buktende kveilinger, som hos en slange.

Etter dette forandret mørket seg til en fuktig natur, og det kastet seg hit og dit på ubeskrivelig vis. Røyk veltet ut som fra en brann, og det gav fra seg en klagende uforståelig lyd. Så gav det fra seg et ubeskrivelig uartikulert skrik, som om det var selve Ildens stemme.

Ut fra lyset steg et hellig Ord ned på naturen, og rene tunger av lett, hurtig og aktiv ild sprang opp til det høye, ut fra den fuktige naturen. Luften, som også var lett, fulgte ilden fra jorden, og vannet reiste seg opp til ilden, slik at det så ut som om de hang sammen. Jord og vann var så sammenblandet at ingen kunne skille dem fra hverandre. Allikevel ble de beveget av Ordet, og de adlød det.

Da sa Poimandres: "Forstod du hva denne visjonen betød?"

"Nei, det gjorde jeg ikke", sa jeg.

"Lyset", sa han, "er meg, din Gud, Bevisstheten som var til før den fuktige naturen som kom fra mørket. Og Ordet som oppstod fra Bevisstheten, er Guds sønn."

"Fortell meg mer", sa jeg.

"Slik skal du forstå det: Det som ser og hører i deg er Herrens Ord, men bevisstheten er Fader Gud. Den ene kan ikke skilles fra den andre, og det er i deres forening at livet eksisterer."

Jeg takket ham for det han fortalte.

"Så erkjenn lyset", sa han, "og lær å forstå det."

Etter å ha sagt dette stirret han lenge inn i øynene mine, slik at jeg skalv ved synet av ham. Men da han løftet hodet, så jeg lyset i bevisstheten. Det bestod av utallige krefter, og ble til en grenseløs verden. Ilden var omgitt av en veldig kraft, og den hadde falt til ro. Og da jeg så disse tingene, forstod jeg Poimandres' ord med erkjennelsen.

Siden jeg var overrasket, sa han til meg igjen: "I bevisstheten så du urformen, den som var til før den uendelige begynnelsen uten ende."

Slik talte Poimandres.

Og jeg sa: "Hvor har naturens elementer sitt opphav?"

"Fra Guds vilje", svarte han. "Naturen mottok Ordet - og da hun så kosmos' skjønnhet etterliknet hun den og gjorde seg selv til en verden. Dette ble gjort gjennom viljens egne elementer og gjennom å føde sjeler. Gud, Bevisstheten, som var androgyn, og som eksisterte som lys og liv, fødte en annen bevissthet som verdensskaper. Det ble en gud av ild og åndepust. Denne laget syv herskere som omgav den sansbare verden. Mennesket kaller deres styre for skjebnen. Fra de nedre elementene, løftet Guds Ord seg til naturens rene form, og det forente seg med verdensskaperens bevissthet, for de var av samme essens. Naturens nedre elementer ble slik bevisstløse, som ren materie. Skaperens bevissthet, han som omgir sfærene og som virvler dem rundt, setter så sine formasjoner i bevegelse og lar dem bevege seg fra en uendelig begynnelse til en grenseløs slutt. For disse sfærenes sirkulering begynner der den ender."

Poimandres fortsatte: "Fra de nedre elementene dannet naturen bevisstløst liv, for Ordet hadde forlatt den. Luften gav opphav til bevingede skapninger, vannet til dem som svømmer, og vannet og jorden delte seg, slik som Bevisstheten ville. Fra sitt skjød laget jorden de livene som var i hennes makt å lage - firbeinte skapninger, reptiler, tamme og ville dyr.

Allfaderen, Bevisstheten, som var liv og lys, skapte mennesket i sin likhet. Og han elsket det som sitt eget barn, for det var umåtelig vakkert og i sin fars bilde. Gud forelsket seg derfor i sitt eget bilde, og gav ham alt han hadde skapt.

Da mennesket så hva skaperen hadde laget i Faderen, ville også mennesket skape, og Faderen gav sitt bifall. Hans væren ble forandret i henhold til den formative sfæren, for han hadde alle fullmakter, og han så på sin brors skapninger. De forelsket seg i ham, og de gav ham hver sin del av deres egen kraft.

Etter å ha gjort dette, hadde han lært deres essens å kjenne, og tok del i deres natur. Han ville så bryte gjennom sfærens ytre barriere - og slik erfare kraften over Ilden.

Mennesket som hersket over alle levende i verden, og over de ubevisste livene, rettet sitt ansikt nedover, gjennom grensen, og brøt gjennom dens styrke, og viste Guds skjønne form til den nedre naturen.

Da naturen så denne forms grenseløse skjønnhet, han som nå bar i seg de syv herskernes krefter og Guds egen form, smilte hun i kjærlighet. For hun så bildet av menneskets skjønne form på hennes vann, og hans skygge på sin jord. Han så sin egen form, slik den speilet seg i hennes vann. Han elsket det å bo der, og med viljen kom handling, og han flyttet inn i den bevisstløse formen. Og naturen tok sin kjære og knyttet seg fullstendig til ham, og de ble blandet for de var elskere.

Dette er grunnen til at mennesket, av alle jordens vesener, er tofoldig. Det er dødelig på grunn av legemet og udødelig på grunn av menneskets essens. Selv om mennesket er udødelig og har herredømme over alt, lider det som en dødelig og er underlagt skjebnen.

Selv om mennesket er over verdens begrensninger, er det også slave under dem. Selv om det er androgynt, som Faderen er androgyn, og årvåkent, som opphavet er årvåkent, overmannes det av begjær og søvn."

Derfor sier jeg: "Lær meg min bevissthet, for også jeg elsker Ordet."

Og hyrden sa: "Dette er mysteriet som er skjult til denne dag. Naturens omfavnelse av mennesket medførte et under - og hvilket under. Han hadde de syvs forente natur i seg, som jeg fortalte deg var gjort av ild og åndepust. Naturen nølte ikke, men fødte syv mennesker, i henhold til naturen til de syv maktene. De var androgyne og strebet mot det høye."

Om dette sa jeg: "O hyrde fortell meg mer, for jeg vil så gjerne høre."

Hyrden sa: "Vær da stille, for enda har jeg ikke avsluttet min første belæring."

"Se, jeg tier", sa jeg.

"De syv ble til. Jorden var som en kvinne; hennes vann fulle av lengsel - modning tok hun fra ilden, ånd fra eteren. Naturen laget slik kropper for menneskets vesen.

Menneskets lys og liv ble forandret til sjel og sinn, fra liv til sjel, fra lys til sinn.

Slik fortsatte alle sanseverdenens bestanddeler til deres tid var over, og til tidenes begynnelse.

Hør nå på resten av belæringen som du har lengtet etter.

Perioden var over, og båndet som bandt dem ble løst ved Guds vilje. Alle dyr, som var androgyne som mennesket, ble løst fra hverandre. Noen ble menn, og andre kvinner. Og Gud snakket gjennom sitt hellige Ord: Bli flere og former dere, skapelsens vesener. Menneske som har bevissthet, lær å kjenne din udødelighet. At dødens opphav er kjærligheten - til tross for at kjærligheten er alt.

Da han hadde sagt dette begynte skjebnen og begrensningen, gjennom hans forsyn, sin forening, og generasjonene ble til. Og slik formerte alle seg i henhold til sin art.

Den som hadde lært å kjenne seg selv, nådde det gode som overskrider all rikdom - mens den som elsket gjennom en kjærlighet som leder vill, ledet sin kjærlighet til kroppen, og forble en vandrer i mørket og led dødens virkning gjennom sansene."

"Hvilken stor feil er det de uvitende gjør, som frarøver dem deres udødelighet?"

17

"Jeg tror ikke du tar til deg det du hører", sa han. "Ba jeg ikke deg om å tenke?"

"Jo, jeg tenker, og jeg husker, og jeg takker deg."

"Om du tenker, fortell meg da, hvorfor fortjener de døde døden?"

"Det er fordi det dystre mørket er den materielle rammens rot og base. Den kom fra den fuktige naturen, og fra denne ble sanseverdenens legeme formet, og det er denne kroppen som gir døden næring."

"Det er riktig, men hvorfor går den som kjenner seg selv til seg selv?"

Og jeg svarte: "Altets Fader består av lys og liv. Mennesket kom fra ham."

"Godt sagt", sa han. "Lys og liv er Gud Faderen, og mennesket kom fra ham."

"Om du videre lærer at også du er av lys og liv, skal du igjen komme til liv". Slik talte Poimandres.

"Fortell meg videre min bevissthet, hvordan skal jeg komme til livet? For Gud sier: Mennesket som har erkjennelse, kjenner seg selv. Har ikke alle mennesker bevissthet?"

"Godt tenkt. Jeg, Bevisstheten, er hos de hellige mennesker som er gode, rene og barmhjertige. Jeg er hos dem som er gudelige.

For disse er mitt nærvær en støtte, og de mottar erkjennelse om alle ting, og de vinner Faderens kjærlighet ved deres rene liv. De priser ham, og påkaller hans velsignelser, og synger hymner til ham i oppriktig kjærlighet. Her oppgir de kroppen til dens rette død, og de snur seg i vemmelse over synet, vel vitende om hva de før har gjort. Det er jeg, Bevisstheten, som ikke vil la impulsene som tilfaller kroppen virke til dens naturlige mål.

Gjennom å være dørvokter, lukker jeg alle innganger for de lavere og onde handlingene.

For de ureflekterte, de onde og degenererte, de misunnelige, feige og ugudelige, er jeg fjern. I de tilfeller gir jeg plass til den hevnende ånd. Han plager dem med sylskarp ild. Han legger ild til ilden, og angriper mennesket gjennom sansene, som igjen gjør ham klar til flere overtredelser og større plager. Han mettes aldri, og søker grådig i mørket."

"Du har fortalt meg alt jeg ønsket Bevissthet. Nå ber jeg deg fortelle mer om oppstigningen, hvordan den foregår."

Til dette sa Poimandres: "Da den materielle kroppen skal oppløses, overlater du først kroppen til dens egen forandring. Slik forsvinner formen du hadde. Du overgir din levemåte, tappet for kraft, til åndsmakten. Kroppens sanser går så tilbake til sin kilde. Dette skjer ved atskillelse og tilbakeføring til kreftene. Begjær og lidenskap trekker seg tilbake til den ubevisste naturen.

Slik er det at mennesket, etter dette, stiger opp gjennom begrensningen.

Den første kraften tilhører ebbe og flo. Den andre de avvæpnede onder og den tredje det avvæpnede nedrige begjæret. Den fjerde er herskesyke, som også er avvæpnet. Den femte tilhører avvæpnet urent mot og dristig frekkhet. Den sjette er ondskapsfull grådighet som har mistet sin makt. Den syvende er den avslørte kløktige løgn.

Og da alt som finnes i begrensningen har gitt slipp på ham, og han er kledd i sin rette kraft, da kommer han til den åttendes natur, til dem som lovsynger Faderen.

Der blir han hilst hjertelig velkommen, og han hører, slik som de andre som har kommet dit, kreftene som er over den åttende sfære synge lovsang til Gud på deres eget språk. Så reiser de sammen inn i Faderens sted, de overgir seg selv til kreftene der, og blir slik selv krefter i Gud.

Dette er det gode endeliktet for dem som har ervervet erkjennelse og slik er blitt gjort ett med Gud."

"Hvorfor skulle du da nøle? Har du ikke mottatt nok til at du kan vise vei for de dødelige, slik at de kan forløses?"

Til dette sa Poimandres mens han blandet seg med kreftene: "Med velsignelse og takknemlighet til Faderens universelle kraft, var jeg frigjort, full av kraften han hadde fylt meg med, og fylt med den lærdommen han hadde gitt meg om Altet og de høyere sfærer."

Og jeg begynte å forkynne hengivelsens skjønnhet og erkjennelsen til menneskene: "O mennesker, barn av jorden, dere som har hengitt dere til beruselse, søvn og uvitenhet om Gud. Kom til dere selv, legg av dere fråtseriet, hengi dere ikke lenger til den irrasjonelle dvalen."

Da de hørte dette kom de i ens ærend, og jeg sa: "Barn av jorden, hvorfor har dere hengitt dere til døden, da udødeligheten er innen rekkevidde? Snu om, dere som går arm i arm med villfarelsen, dere som deler bord med uvitenheten. Gå fra mørke til lys. Ta del i udødeligheten og forsak ødeleggelsen."

Noen falt fra etter disse ord og dro derfra, og de la igjen seg selv mens de begav seg ut på dødens sti. Andre ville være, og kastet seg for mine føtter. Men jeg reiste dem opp, og jeg ble en veileder for folket på deres vei Hjem, og jeg fortalte dem hvordan og på hvilken måte de skulle forløses. Jeg sådde visdommens ord i dem, og gav dem udødelighetens vann å drikke.

Utpå kvelden, da solen gikk ned, ba jeg dem takke Gud. Etter sin takkebønn, gikk de til sine hvilesteder.

Jeg preget Poimandres' velsignelse i mitt hjerte og gledet meg, for alle mine forhåpninger var innfridd. For når kroppen sover, våkner sjelen. Når vi lukker øynene oppnår vi sant syn og godene fyller stillheten - og gjennom mitt ord unnfanger jeg goder.

20

Alt dette kom til meg fra bevisstheten min, det vil si Poimandres, forstanden bak alt som er virkelig, og gjennom å være guddommelig inspirert kom jeg til sannhetens sletter. Derfor takker jeg Fader Gud av hele min sjel og all min styrke.

Hellig er du, O Allfader.

Hellig er du, O Gud, hvis vilje fullbyrdes gjennom din egen kraft.

Hellig er du, O Gud, som vil gi deg til kjenne, og som kjennes av dine egne.

Hellig er du, som gjennom Ordet skapte det som er blitt til.

Hellig er du, som naturen ikke har formet.

Hellig er du, mer mektig enn alle krefter.

Hellig er du, som overskrider alle høyder.

Hellig er du, du som er høyere enn all lovsang.

Motta min bevissthets rene offer. I sjel og hjerte strekker jeg meg opp mot deg, O du ubeskrivelige unevnelige, hvis navn intet annet enn taushet kan uttrykke.

Hør meg som ber om at jeg aldri skal feile i erkjennelse, erkjennelse som er vårt felles vesens natur. Fyll meg med din kraft og din herlighet, slik at jeg kan gi lyset til de uvitende iblant oss, mine søsken og dine barn.

Derfor tror jeg, og jeg vitner, og jeg går til liv og lys.

Velsignet er du Fader. Ditt menneske er hellig som du er hellig, og du har gitt det sin fulle rett.

# Asclepius

Hermes:      Asclepius, er det ikke slik at alt som beveges,
             beveges i noe eller av noen?

Asclepius:   Sant.

Hermes:      Må ikke det som det beveger seg i, være større
             enn det som beveges?

Asclepius:   Det må det.

Hermes:      Beveger har derfor større kraft enn beveget?

Asclepius:   Det har den selvsagt.

Hermes:      Naturen til det som det beveger seg i, må
             derfor være noe helt annet enn naturen til det
             som beveges?

Asclepius:   Fullstendig.

Hermes:      Er det ikke slik at denne verden er så stor at det
             ikke finnes noe større legeme?

Asclepius:   Absolutt.

**Hermes:** Den er massiv, og fylt av mange andre legemer - ja alle former som er?

**Asclepius:** Det er den.

**Hermes:** Men verden er allikevel et legeme?

**Asclepius:** Den er et legeme.

**Hermes:** Og et legeme som beveges?

**Asclepius:** Absolutt!

**Hermes:** Hvor stort må området være som den beveges i - og hvordan er dette området? Må det ikke være mye større enn kosmos, dersom det skal få plass i sin bane, om det ikke skal bli trengsel i bevegelsesbanen?

**Asclepius:** Ja, Trismegistus. Den vil kreve enorm plass.

**Hermes:** Og hvordan er den? Må den ikke være av motsatt natur, Asclepius? For er ikke det motsatte av legemlig å være uten legeme?

**Asclepius:** Enig.

| Hermes: | Rommet er derfor ikke legemlig. Men da det er uten legeme, må det være gudeliknende eller Gud selv. Og gjennom å si gudeliknende, mener jeg ikke det skapte, men det uskapte. |
|---|---|

Om rommet er gudeliknende, er det da substansielt? Er det Gud selv, overskrider det substans. Vi må derfor tenke på dette som noe annet enn Gud.

Vi kan tenke på Gud, men han tenker ikke på seg selv, for det som betenkes faller mellom tenkerens sanser. Gud kan derfor ikke betenke seg selv, siden hans tanker om seg selv ikke er annet enn det han tenker. Han er imidlertid noe annet for oss, derfor kan vi tenke på ham.

Om man tenker på rommet, skal man ikke tenke på det som Gud, men som rom. Om man tenker på Gud skulle han ikke betenkes som utstrekning, men som mulighet til å romme alt rom.

Videre beveges ikke det som rører seg i det bevegelige, men i det stabile. Og det som beveger noe annet er selvsagt konstant, for det er umulig at det skulle bevege seg med det.

| Asclepius: | Hvordan kan det ha seg, Trismegistus, at tingene her nede flytter seg med de som allerede har flyttet seg? For du har sagt at de bevegelige sfærene beveges av den ubevegelige. |
|---|---|

| Hermes: | Dette er ikke en bevegelse med, men mot, O Asclepius. De beveger seg ikke med hverandre, men mot hverandre. |
|---|---|
| | Det er denne motsetningen som snur deres bevegelsesmotstand til hvile. For motstand er bevegelsens hvile. |
| | Slik er det også med de bevegelige sfærene. De beveger seg mot den ubevegelige. |
| | De beveger hverandre gjennom gjensidig motsetning, men også gjennom det stabile - gjennom motsetningene selv. |
| | Tror du Bjørnene der oppe, som ikke står opp eller går ned, hviler eller beveger seg? |
| Asclepius: | De beveger seg, Trismegistus. |
| Hermes: | Og hva er deres bevegelse, min kjære Asclepius? |
| Asclepius: | Bevegelse som for alltid snurrer rundt sin egen akse. |
| Hermes: | Rotasjon er bevegelse rundt ens egen akse, det er bevegelse rundt det stille midtpunktet. |
| | For når bevegelsen roterer rundt sin egen akse, har den ingen avvik. Avvik avverges ved sentrert sirkulering. Bevegelse i motsatt retning stabiliseres og sentreres ved motbevegelsens prinsipp. |
| | Jeg skal gi deg et eksempel fra det man kan |

se på jorden. Tenk på vesenene her nede, for eksempel et menneske som svømmer. Vannet beveger seg, mens motstanden mot hender og føtter gir stabilitet. Slik kan han ikke dras med - eller synke.

Asclepius:     Du har fremmet er klart eksempel, Trismegistus.

Hermes:        All bevegelse blir derfor til i og gjennom det som ikke er i bevegelse.

Kosmos' og alle jordiske veseners bevegelse, vil ikke bli forårsaket av det som er utenfor kosmos, men av det som er innenfor. Dette vil kunne si sjelen, eller ånden, eller andre åndelige ting.

Det er ikke legemet som beveger det som lever i den, ikke engang hele universets legeme, som også er et legeme, selv om det ikke er liv i det.

Asclepius:     Hva mener du med det, Trismegistus? Er det ikke legemer som beveger dyr, steiner og det iboende?

Hermes:        På ingen måte, Asclepius. Det er sikkert at det som er i legemet og det som beveger det immaterielle, ikke er et legeme. For det beveger både legemet til den som løfter, og den som løftes. Noe livløst vil ikke bevege noe annet som heller ikke har liv. Det som beveger noe annet lever, siden det er denne som er bevegeren.

Så du kan se hvor tungt sjelen er lastet, som
bærer to legemer. Det som beveges, beveges
derfor i og av noe, det må være klart.

Asclepius:   Ja, Trismegistus, det som beveges må bevege
seg i et tomrom.

Hermes:   Godt sagt, min kjære Asclepius. Ingenting er
tomt, for uten det som ikke er, da tomhet vil
være fremmed for eksistensen. Det som er, kan
aldri bli til intet.

Asclepius:   Finnes det da ikke noe slikt som en tom boks,
beger eller kopp, O Trismegistus?

Hermes:   Akk, for din vandring bort fra sannheten,
Asclepius. Du har misforstått det som er fylt og
enormt, for å være tomt.

Asclepius:   Hva er det du mener, Trismegistus?

Hermes:   Er ikke luften et legeme?

Asclepius:   Jo, det er det.

Hermes:   Og gjennomtrenger ikke dette legemet alt, slik
at det fyller det? Og består ikke kroppen av en
blanding av de fire?

Det du kaller tomt, er fylt av luft, og om den er
fylt av luft, er den også fylt av de fire.
Videre følger av det du sier, er at alt du omtaler
som mettet, er tomt for luft. For rommet er fylt
av andre legemer, og kan derfor ikke ta inn
luften. Disse som du omtaler som tomme,
burde heller omtales som hule, for de er fylt av
luft og ånd.

Asclepius:     Jeg skal ikke argumentere mot deg,
Trismegistus. Luft er et legeme. Og det er dette
legemet som gjennomtrenger alt, og på den
måten fyller det. Hva skal vi da kalle rommet
som altet beveger seg i?

Hermes:        Det ulegemlige, Asclepius.

Asclepius:     Hva er da det ulegemlige?

Hermes:        Det er bevissthet og fornuft, helhet av helhet,
fullkomment selvomsluttet, fri for alle legemer,
feilfritt, usynlig og ugripelig for legemet, selv
i selvet. Det inneholder alt, opprettholder det
som er, og stråler mot oss som det gode,
sannhet og lys bak lyset, selve ursjelen.

Asclepius:     Hva er da Gud?

| | |
|---|---|
| Hermes: | Han er ingen av disse, for han er den som forårsaket det hele, alt som er blitt til. Og han har ikke utelatt noe, foruten det som ikke er. For det som ikke er, har naturligvis ingen kraft som gjør det til noe. Det har imidlertid muligheten til å bli til. Og det som er, har naturligvis ikke muligheten til å bli til ingenting. |
| Asclepius: | Hva vil du da si at Gud er? |
| Hermes: | Gud er ikke bevissthet, men årsaken til bevissthet. Gud er ikke ånd, men årsaken til ånd. Gud er ikke lys, men årsaken til lys. Derfor skal man hedre Gud ved å kalle ham God og Fader, navn som kun tilhører ham. |

For ingen av de andre såkalte guder, ei heller menneskene, eller åndene, kan i likt monn være god som Gud. Han er alene i sin godhet. Alt annet er avsondret fra den godes natur, for alt annet er sjel og legeme, og kan ikke bære det gode.

For det som er så mektig, det godes storhet, er slik som alle tings væren. Med og uten kropp, både det begripelige og det ubegripelige. Dette er det høyeste gode - dette er Gud. Kall derfor ikke dette noe annet enn godt, for da vil du tale blasfemisk.

Selv om alle snakker om det gode, forstås det ikke av alle. Ikke bare misforstås Gud, men betegnelsen *god* brukes i uvitenhet om

guder og mennesker, selv om disse aldri
kan være, eller bli, gode. For disse er svært
forskjellige fra Gud, mens godt aldri kan skilles
fra ham, for Gud er det samme som det gode.

Resten av de udødelige er imidlertid æret med
Guds navn. De omtales som guder, men Guds
godhet er ikke en gest, men hans natur. For
Guds natur og det gode er ett. Det utgjør en
enhet, hvor alle andre ting kom fra.

Det gode er det som gir, og som ikke venter
noe tilbake. Gud gir derfor alt, og mottar intet.
Gud er derfor god, og det gode er Gud.

Guds andre navn er Fader, for han skapte alt.
Faderens funksjon er å skape.

Derfor er det å lage barn en rettvis handling,
for dem som tenker rett. Forlater man kroppen
uten å etterlate seg barn, er dette en ulykke.
Den som ikke etterlater seg barn, straffes av
åndsmakten i det hinsidige.

Straffen er at det menneskets sjel skal
fordømmes til å bli en sjel som verken er mann
eller kvinne, men et forbannet vesen under
solen.

Så ha ikke sympati med de barnløse Asclepius,
men føl heller med dem i deres ulykke, for
straffen venter dem.

La derfor alt som er blitt fortalt være som en
introduksjon til kunnskapen om alle tings natur.

# DEN HELLIGE PREKEN

Alts herlighet er Gud, guddommen og den guddommelige natur. Alle tings opphav er Gud. Han som er både bevissthet, natur og materie. Han er visdommen som åpenbarer alle ting. Han er også opphavet, på samme vis som natur, kraft, nødvendighet, avslutning og ny begynnelse.

Det uendelige mørket, vannet og den subtile intelligente ånden var i avgrunnen. Disse var ved Guds kraft i Kaos.

Det hellige lyset steg da opp, og samlet tørt land fra det fuktige elementet, og alle gudene høstet av den fruktbare naturen. Alt var ubestemt og uskrevet. Lyset ble satt i det høye, mens de tunge skapninger fikk sitt fundament under den fuktige delen av det tørre landet. Ilden skilte alt, og alt reiste seg ved livets ånde. Himmelhvelvingen var synlig i syv sirkler, og gudene var synlige i stjerneformasjoner - mens naturen hadde sine lemmer med gudene i seg. Og himmelens periferi beveget seg i sykluser, båret på Guds ånde.

Alle gudene brukte sine krefter i henhold til sitt mandat. Slik ble firbeinte vesener til; småkryp og de som bor i vannet, de med vinger, og alt som bærer frø, vokser og skyter knopp. Alle hadde de gjenfødelsens frø i seg.

De valgte menneskene til å erkjenne Guds verk, og til å forstå naturens virke.

De satte menneskets mangfold til å herske over alt under himmelen, og gav det kjennskap til sine velsignelser. Dette ble gjort for at de skulle formere seg og bli mange. Alle sjeler ble kledd i kjødet gjennom de sykliske gudenes verk. De ble lært å observere undrene på himmelen - himmelgudenes sirkulering og naturgudenes verk. Slik lærte de om tegn for velsignelser og fikk kunnskap om Guds kraft. På denne måten kunne de kjenne skjebnen som fulgte gode og onde gjerninger, og lære om alle gode kunster.

Slik begynte deres liv, og deres vei mot visdom. Alt i henhold til skjebnen de ble tildelt av de sykliske gudene, og til slutt døde de.

På jorden skal det være mektige minner om deres verk, og de etterlater seg spor til neste syklus.

Alle sjeler som kles i kjød skal fornyes; hvert frø, hver gjerning, gjennom sitt forfall. Dette skal skje gjennom gudenes fornyelse og gjennom naturens rytmiske hjul.

Guddommen fornyer for alltid naturens kosmiske blanding - og naturen er også selv etablert i Gud.

# ENHETENS BEGER

Hermes:    Med bevisstheten, ikke hånden, ble det
           universelle Ordet skapt, slik at du skal tenke på
           Skaperen som evig og alle steds nærværende.
           Han er alle tings forfatter, som gjennom sin
           vilje skapte alt.

           Intet menneske kan berøre, se eller ta mål av
           hans legeme, for det er uten like. Det er ikke ild
           eller vann, luft eller ånd, selv om de alle kom fra
           ham.

           Siden han var god, dedikerte han sin kropp til
           den Ene, og satte dens jordelement til å ære
           ham.

           Så sendte han dette kosmiske rammeverk til
           jorden, mennesket, et liv som ikke kan dø, men
           allikevel et liv som dør.

           Mennesket rådet over alle de andre livene
           og over kosmos, gjennom bevisstheten og
           sinnet. Mennesket hengav seg til å kontemplere
           Guds verk, og det undret seg. Det forsøkte å
           forstå dets Forfatter. Han hadde gitt Ordet
           til alle mennesker, men ikke bevissthet, O Tat.
           Dette var ikke fordi han mislikte dem. For
           misbehaget kom ikke fra ham, men nedenfra,
           fra det bevisstløse mennesket.

Tat:       Far, hvorfor gav ikke Gud alle en del av
           bevisstheten?

| Hermes: | Min sønn. Han ville sette den midt blant sjelene, som en belønning. |
|---|---|
| Tat: | Og hvor satte han den? |
| Hermes: | Han fylte et veldig beger med den, og sendte det til verden sammen med en herold som skulle proklamere dette til menneskenes hjerter. |

Hvilket hjerte kan døpe seg selv i dette begeret? Den som har tro kan stige opp til ham som sendte begeret, den som vet hvorfor han ble til.

Alle som forstod heroldens proklamasjon, badet seg i bevisstheten, og tok slik del i erkjennelsen. Slik ble de fullkomne mennesker.

De ufornuftige og ubevisste, som ikke forstod proklamasjonen, var uvitende om hvorfra de kom og hvorfor de ble til.

Sansene til slike mennesker er som irrasjonelle dyr. Hele deres vesen er i følelsenes og impulsenes vold og de ser ikke det som er verdifullt å fatte. Hele deres liv sentreres rundt legemets forlystelse og appetitt, for de tror at det er på grunn av dette at mennesket er blitt til.

De som imidlertid har mottatt noe av Guds gave, Tat, kan ut fra deres handlinger se ut til å ha forløst seg fra døden. Disse omfatter jorden, himmelen og det som er over himmelen. De har løftet seg så høyt at de har sett det gode, og gjennom å ha sett dette, har vandringen på jorden blitt meningsløs.

Gjennom å ha mistet troen på alt legemlig og åndelig, går de hen til den eneste Ene.

Dette, O Tat, er bevissthetens erkjennelse, den guddommelige visjon. Det er gudserkjennelse, for begeret tilhører Gud.

Tat:     Far, jeg vil også døpes.

Hermes:  Ikke før du forakter legemet, min sønn, kan du elske deg selv. Om du imidlertid elsker deg selv, skal du ha bevissthet, og gjennom bevisstheten skal du ta del i erkjennelsen.

Tat:     Hva mener du?

Hermes:  Du kan umulig gi deg hen til begge, min sønn, til både det evige og det timelige. For når man ser at alt er todelt, og består av materie og ånd, og det evige og det timelige, må den som har viljekraft til å velge, gjøre det. For det todelte kan ikke forenes. Og i den sjelen hvor avgjørelsen treffes, styrkes den ene, mens den andre svekkes.

Et godt valg vil ikke bare virke mest lukrativt for den som velger, siden han vil se at det gjør mennesket til en gud, men viser også hans guddommelighet for Gud. Et dårlig valg vil

35

ikke forstyrre Guds harmoni i større grad enn
at det ødelegger mennesket. Slik som en kø
i veien ikke gjør annet enn å blokkere for andre.
På samme måte er det også med de som står i
kø bak legemets begjær.

Denne væren som kommer fra Gud, skal bli
vår, O Tat. Det som er avhengig av oss skal
fortsette, og skal ikke forsinke oss, for
dette er ikke Gud. Dette er årsaken til at det
onde foretrekkes fremfor det gode.

Slik ser du hvor mange legemer vi må vandre
gjennom, hvor mange englekor og hvor enormt
stjernesystemet er som vi må igjennom, på
vår vei til den eneste ene Gud. For den gode
finnes det ingen annen strand. Det er endeløst
og uendelig - og i seg selv også uten
begynnelse, men for oss har den én
begynnelse, og det er erkjennelsen. Derfor
er ikke erkjennelsen egentlig begynnelsen,
men erkjennelsen tilbyr oss den første
kjente begynnelse. La oss derfor ta fatt på
begynnelsen og bevege oss gjennom
alt vi må igjennom.

Det er hardt å vende ryggen til alt vi er blitt
vant til, som vi ser rundt oss på alle kanter,
for å snu oss bort fra den gamle stien.

Det som er mest fremtredende gleder oss, og
det som vi ikke ser er vanskelig å tro på. Det
onde er det mest fremtredende, mens det gode
aldri vil kunne vise seg for våre øyne, for det
har verken skikkelse eller form. Derfor er det

gode seg selv likt - og ulikt alt annet. For det er umulig at det som ikke har noe legeme, skulle kunne vise seg til et legeme.

Dette er forskjellen mellom det like og det ulike, og ulikhetens underdanighet i forhold til det like. For enheten er alle tings opphav og rot. Den er enheten i alt som er. Uten dette opphavet fantes intet, men opphavet kommer ikke fra annet enn seg selv, siden den er opphav til alt annet. Enheten er sin egen kilde, siden den ikke kan ha noe annet opphav.

Enheten er slik alts opphav, og den inneholder alt. Den omfattes imidlertid ikke av noe, men føder alt, uten å bli født av noen.

Alt det skapte er ufullkomment og forgjengelig. Vesener blir til og de forgår.
For den fullkomne, holder ikke dette mål.
Det som blir til kommer fra enheten, men forgår gjennom sin egen svakhet, da det ikke lenger kan opprettholde den ene i seg.

Nå er Guds bilde trukket opp for deg så langt som mulig er, O Tat.

Om du vedblir i det - følger med på det med ditt hjertes øye - vil du finne veien som fører opp, min sønn. Bildet blir selv din veileder, for det guddommelige synet har denne virkningen. Det holder og trekker til seg dem som makter å åpne øynene, slik som magneten trekker til seg jern.

# GUD ER MEST SYNLIG

Jeg skal fortelle deg denne historien også, Tat, slik at du ikke lenger skal være uten Guds mysterier, som er for store til å ha et navn. Og legg merke til hvordan det som er usynlig for de fleste, skal bli klart for deg. For var det ikke klart for deg, ville det ikke vært klart for noen. For alt som manifesteres, har vært underlagt tilblivelse før det ble til. Det uskapte er imidlertid evig, for det har ikke behov for å bli til. Det finnes til evig tid, og gjør at alt annet blir til. Det som er uskapt, er som evig væren og evig tilblivelse, uten selv å bli til. Det er ikke selv skapt gjennom tankens tilblivelse, men det skaper bilder for bevissthetens forestilling.

Forestillinger omhandler bare det skapte, for forestilling er intet annet enn skapelse.

Bare den uskapte er utenfor all forestillingsevne, og er slik uskapt. Og mens han tenker alt til liv, manifesterer han seg i og gjennom alle ting, og fremfor alt i de tingene han vil skape.

Be da først, min sønn Tat, til Gud Faderen, den eneste Ene. Hvorfra den ene kommer for å vise deg sin nåde, slik at du skal kunne ha evnen til å gripe en tanke fra en så mektig Gud. Slik at en skinnende stråle skal skinne fra ham, i dine tanker. For kun tanken ser det uskapte, siden den selv er uskapt. Om du Tat, har kraften, vil han manifestere seg for ditt indre blikk. Herren er ikke motvillig til noe. Han manifesterer seg i hele verden.

Du har makten til å gripe en tanke. Søk å fatte den i dine hender og å stå ansikt til ansikt med Guds bilde. Om du ikke ser det som er inni deg, hvordan skal da det kunne gjøre seg kjent for deg? Hvordan skal han gjøre seg kjent for dine øyne?

Om du imidlertid skulle se ham, tenk da på solen, tenk på

månens bane, tenk på stjernenes orden. Hvem er det som våker over det systemet? For ethvert system har sin grense markert med plassering og mål.

Solen er den største av gudene på himmelen. Alle himmelens guder gjør plass for hans majestet. Og han, den veldige som overskrider hav og land, tillater mindre stjerner å sirkulere over seg. I respekt eller frykt overfor hvem, kan han tillate dette, min sønn?

Ingen av stjernene på himmelen har samme bane. Hvem er det da som setter kursen for hver av dem? Bjørnene der oppe snur seg rundt seg selv, og drar hele kosmos med seg. Hvem eier dette verktøyet? Hvem har slått grenser rundt havet? Hvem har festet jorden?

Det finnes noen som er skaper og mester over alt som er, Tat. Et slikt sted og en slik utstrekning, kunne ikke eksistert uten at det hadde et opphav. Ingen forordning kan bli til uten opphav eller utstrekning. Uten herre, hadde det ikke vært til, min sønn. Om uorden skulle trenge en orden, forstyrres arbeidet. Det er imidlertid ikke uten herre allikevel, men under en herre som ikke enda har skapt sin orden.

Hadde du hatt vinger, kunnet sveve gjennom luften og plassere deg mellom himmel og jord, ville du ha sett jordens fasthet, havets flyt, luftens utstrekning, ildens flyktighet, og stjernenes hastige baner rundt det hele.

Det var et velsignet syn, min sønn. Å kunne se alt dette som var under banenes buer, det ubevegelige i bevegelse, og det uskapte skapte. Slik er kosmos' orden blitt til. Dette er den orden vi kan se.

Om du også kunne ha sett ham gjennom det som dør på jorden og i dypet. Tenk på et menneske som blir skapt i en livmor, min sønn. Se nøye på ham som skapte mennesket, og lær hvem som formet dette vakre gudelike menneskebildet.

Hvem er han som sirklet ut øyenhulene, som boret nesebor og ører, som åpnet munnens port, som strakk og knyttet nervene, som laget kanaler for årene, som herdet knoklene, som dekket kjøttet med skinn, som skilte fingre og ledd, som lagde fotens såle, som gravde kanaler, som utformet milten, som formet hjertet som en pyramide, som satte ribbein sammen, som strakk ut leveren, som lagde lungene som en svamp, som gjorde magen fleksibel, som gjorde de mest prominente delene så ærbare, slik at de kan synes, og gjemmes for dem av lavere rang.

Se derfor hvor mange typer håndverk som er utført på ett eneste materiale, hvor mye arbeid på én eneste skisse, alt ble vakkert, i perfekte mål, til tross for alle forskjellene.

Hvem gjorde dette? Hvilken mor eller herre, foruten den umanifesterte Gud, som skapte alt etter sin vilje?

Ingen ville si at en statue eller et maleri var blitt til uten at en skulptør eller maler hadde laget det. Kan da et slikt håndverk finnes uten en håndverker? Hvilken blindhet, ugudelighet og uvitenhet. Se derfor til, at du aldri fratar håndverket en håndverker, Tat, min sønn.

Alle tings Opphav er større enn alle navn, for så stor er han. Han er i sannhet den eneste Ene, og det er hans virke å være far.

Så om du tvinger meg til frimodig tale, så er hans vesen å formulere alle ting, og å skape dem.

Så uten en skaper, kan ingenting bli til. Så derfor blir han aldri virkeløs. Han skaper stadig alt i himmelen, i luften, på jorden, i dypet og i hele kosmos - og alle steder som er og som enda ikke er. For det er ingenting i verden som ikke er ham.

Han er selv både det som er og det som ikke er. Alt som finnes og som ikke finnes er i ham.

Det finnes ikke noe som han ikke er. Han er alt som er, og har derfor alle navn, for alle navn kommer fra Faderen. Derfor har han ikke noe navn, siden han er alle navns opphav.

Hvem kan da lovprise deg? Skal jeg igjen se bort, for å synge din lovsang over, under, innenfra og utenfra?

Det finnes ikke noe sted for å synge din ære, for det finnes ikke noe sted utenfor deg.

Alt er i deg, alt kommer fra deg, du som gir alt og ikke krever noe tilbake. For du har alt, og det finnes ikke noe som du ikke har.

Skal jeg da besynge deg, O Fader? Ingen kan gripe din time eller tid, så hva skal jeg lovprise? Det du har skapt, eller det du ikke har skapt? Det du har manifestert eller det du har gjemt? Hvordan skal jeg videre besynge deg? Som mitt eget vesen? Som noe av meg selv? Som å være noe annet?

For du er alt jeg kan være, du er alt jeg gjør, du er alt jeg skulle kunne si. For du er alt, og det er ikke noe du ikke er. Du er alt som finnes, og du er det som ikke finnes. Du er bevissthet når du tenker, Fader når du skaper, og Gud når du gir kraft.

Alle tings gode skaper. Bare i Gud er det gode.

# Bare Gud er God

Det gode, O Asclepius, er bare i Gud. Man kan derfor si at Gud er det evige gode.

Om det er slik, må det gode være en essens knyttet til enhver bevegelse - og den virker frigjørende, selv om ingen kan være fri fra den. Det har en stabil kraft omkring seg, i balansert monn, en uendelig forekomst. Selv om det er ett, er det alle tings kilde, for det som forsyner alt er uendelig godt. Dette tilhører bare Gud for alltid.

For han begjærer ikke noe, slik at begjæret skulle kunne gjøre ham ond. Heller ikke kan han tape noe, et tap som fører til smerte, for smerte er del av det onde. Heller ikke er noe større enn ham - som han skulle kunne underkaste seg, eller hans likemann - som skulle kunne gjøre ham ondt. Det er heller ingen han skulle kunne henføres av som resultat dennes bestrebelser. Det er ingen som unnlater å lytte til ham, slik at han skulle bli forarget. Det er heller ingen visere, som skulle kunne gjøre ham misunnelig.

Da ingenting av dette finnes i ham, hva er vel da igjen annet enn det gode?

For slik som intet ondt kan finnes i et slikt åndelig vesen, vil heller ikke det gode finnes noe annet sted. For i det er alle andre ting, både i det lille og i det store, både hver for seg og i de mektigste av dem.

For alt som fødes er bundet av lidelse, og fødselen i seg selv er smertefull. Der det er lidelse, er ikke det gode, og der det er godt, er det ingen lidelse. For der det er dag, er det ikke natt, og der det er natt, er det ikke dag.

Derfor kan ikke det gode være i fødselen, men i det ufødte.

Gjennom å se at verden tar del i alt, tar den også del i det gode. På denne måten er kosmos godt, i den forstand at det skaper alt og at skaperhandlingen gjør godt. På alle andre måter er det imidlertid ikke godt. For det er både lidelse og underlagt bevegelse - og det er lidelsens kilde.

I mennesket avgjøres mengden av det gode i forhold til mengden ondskap. For det som ikke er ren ondskap, er godt, men det gode her nede, er allikevel delvis ondt. Det gode her nede, kan derfor ikke være fullstendig fritt for ondskap, for her er det gode ispedd ondskap. Det kan ikke forbli godt, og slik forandres det til ondskap.

Kun i Gud er det gode, eller rettere sagt, godhet er i sannhet Gud.

Så kun navnet God kan finnes i mennesket, Asclepius, ikke tingen i seg selv, for dette er ikke mulig. For ingen materielle legemer har det, da de er bundet av det onde på alle kanter; være det seg av arbeid, smerte, begjær eller lidenskaper, av feilaktighet og forstyrrede tanker. Og det verste av alt er at disse tingene anses som det største gode her nede. Alt er magens lyst, forlivelsen som leder til all annen forlivelse. Det er dette som leder oss fra det gode.

For min del takker jeg Gud, for at han har gitt meg erkjennelsen om det gode; at det aldri skal formørkes av verden. For verden er ondskapens fylde, mens Gud er Gud av det gode, og godheten er av Gud.

Skjønnhetens prakt er rundt det godes essens. Den synes å være for ren, for ublandet. Kanskje den selv er sin egen essens?

Man skulle våge å si, Asclepius, at Guds essens er skjønnhet og at skjønnheten også er god.

Intet godt kan komme fra verdens ting. For alt som faller oss for øye, er kun bilder av tingene. Det vi ikke kan se, er realitetene, og særlig det skjønne og det godes essens. Slik øyet ikke kan se

43

Gud, kan det heller ikke se det skjønne og det gode. For de er integrerte deler av Gud, forent med ham - elsket og udelelig. Gud selv elsker dem, og de ham.

Om du kunne fatte Gud, da skulle du fattet det skjønne og det gode, og slik overskride lyset som er skarpere enn selve Guds lys. Den skjønnheten kan ikke sammenliknes med noe, enestående god, som Gud selv.

Da du kan fatte Gud, fatter du det skjønne og det gode. Disse kan ikke forenes med noe annet som lever, for de kan aldri skilles fra Gud.

Søker du Gud, søker du det skjønne. Veien som leder dit, er hengivenhet forent med erkjennelse. Derfor kaller de som ikke vet, og som ikke går på hengivenhetens stier, mennesket for skjønt og godt. Dette til tross for at det ikke har sett noe godt, men er omsluttet av ondskap og anser det onde for å være godt. Derfor bruker det dette onde til stadighet, og frykter til og med at det skal bli tatt fra det. Derfor gjør det også alt for å bevare og forøke det.

Slik er dette som mennesket kaller godt og vakkert, Asclepius. Ting vi ikke kan unnslippe, men heller ikke hate, for vi kan ikke leve foruten dem.

# Uvitenhet om Gud

Dere vakler, fylliker. Dere som har drukket uvitenhetens vin, og ikke makter å holde på den, slik at dere allerede har kastet den opp. Bli edruelige, og se opp med hjertets sanne øyne. Og om ikke alle makter det, så se den som kan.

Uvitenhetens sykdom vasker over verden, og overvelder sjelen som fråtser i kjødet, og forhindrer den i å legge til i forløsningens havn. Bli derfor ikke dratt med av flodens strømmer, men styr mot land og forløsningens havn. Let etter noen som kan følge deg til erkjennelsens porter, når du har ankret opp.

Her skinner det klare lyset, uten mørkets påvirkning. Her er ingen sjeler forfyllet, for alle retter sitt hjertes blikk mot ham som vil gi seg til kjenne.

Intet øre kan høre ham, intet øye se, heller ingen tunge tale om ham, foruten gjennom bevisstheten og hjertet.

Først må du rive av deg kappen du bærer, som er uvitenhetens vev, ondskapens fundament, korrupsjonens kjede, mørkets skjold, den levende døde, følelsesliket, den bærbare graven og innbruddstyven som hater deg på grunn av det han elsker og det han hater, for han vil deg vondt.

Slik er den hatefulle kappen du bærer, som kveler deg og holder deg nede. Dette gjør den så du ikke skal se opp og se sannhetens skjønnhet med det gode som dveler i den. Forakt da kappen, for du har avslørt dens konspirasjon mot deg. Dette gjorde du ved å ugyldiggjøre den logikken som mennesker kaller fornuft.

For kappen har fylt fornuften med en mengde materie. Den har stappet den full av grusomt behov, som gjør at du ikke kan høre det du burde høre, eller se det du burde se.

# Intet forgår.

Hermes: Vi må nå snakke om sjelen og kroppen, min sønn. På hvilken måte sjelen er udødelig, og hva som bygger og oppløser legemet.

Død har ikke noe med dette å gjøre. Konseptet *død* dannes av begrepet *udødelig*. Enten er *dødelig* et meningsløst begrep, eller så har det mistet sin første stavelse.

Død er en form for tilintetgjørelse, men intet i kosmos tilintetgjøres. Dersom kosmos er den andre gud, et liv som ikke kan dø, kan ingen del av dette udødelige livet dø. Alt i kosmos er deler av dets hele - og særlig mennesket, det levende vesenet med evne til å snakke.

Den første gud er evig, ufødt, og han er alle tings skaper. Den andre Gud er han som er skapt i hans bilde. Den andre er skapt av ham, opprettholdt av ham, og gjort udødelig av ham. Han som ved sitt opphav lever for alltid, fri fra døden.

Det som lever evig, skiller seg fra den evige, for den evige er ikke blitt til ved noen andre. Selv om det skulle være så, har han ikke blitt til ved seg selv, men blir snarere stadig til. Han er evig, og på grunn av ham, er altet evig. Faderen er evig, og kosmos er selv blitt evig og udødelig gjennom ham.

Av materien under, gjorde Faderen et universelt legeme. Han gjorde det sfærisk, en udødelig sfære, og slik ble materien gjort evig.

Faderen fullbyrdet sine planer, og sådde liv inn i sfæren, og stengte det inne som i en hule, og beordret liv i dets mange fasetter. Han omsluttet så det universelle legemet med udødelighet, slik at ikke materien noen gang ville skille seg fra sin legemlige form og slik gå tilbake til sitt opprinnelige kaos.

Den legemlige materien var ikke i en tilstand av orden, min sønn. Den har fortsatt sin uorden her nede, og omgir sine små liv med tiltagende og avtagende, som menneskene kaller døden. Det er i de jordiske livene at denne uorden finnes. For de himmelske legemer vedholder i seg den lov som de har fått av Faderen, og det er gjennom fornyelse at denne ordenen forblir ukrenket. Fornyelsen av legemene på jorden er komposisjonen, hvor deres oppløsning gjenreiser dem til de legemene som aldri kan oppløses. Det vil si de som ikke kan dø. Sansenes forsakelse finner sted, mens legemene forblir.

Det tredje vesenet, mennesket, er skapt i kosmos' bilde, men etter Faderens vilje, og overgår alle jordiske liv. Dette mennesket har ikke bare slektskap med den andre gud, men har også en forståelse av den første. Han oppfatter den andre gud som et legeme og en bevissthet, som er det største gode.

| | |
|---|---|
| Tat: | Forgår ikke dette livet? |
| Hermes: | Ti, sønn, og forstå hva Gud og kosmos er. Hva er et liv som ikke kan dø, og hva er et liv som er underlagt oppløsning? |
| | Ja, forstå at kosmos er av Gud og i Gud, mens mennesket er av kosmos og i kosmos. |
| | Alle tings opphav, begrensning og herredømme er Gud. |

# OM TANKE OG FORNUFT

Jeg fortalte deg den fullkomne fortellingen i går, Asclepius. I dag mener jeg det er rett å fortsette, punkt for punkt med talen om fornuft.

Fornuft og bevissthet er ikke forskjellige, da den første har med materie å gjøre, mens den andre har med substans. For meg er de like, og skiller seg ikke fra hverandre i mennesket. I andre livsformer er fornuften forent med naturen, men i mennesket er den forent med bevissheten.

Bevissthet er like forskjellig fra tanken, som Gud fra guddommeligheten. For guddommeligheten blir til gjennom Gud, og tanken gjennom bevisstheten. Den er Ordets søster og de er hverandres redskaper. Ordet kan ikke la seg uttrykke uten tanke, og heller ikke tanken bli manifestert uten ord.

Slik flyter både fornuft og tanke sammen inn i mennesket, som om de var sammenvevd. For uten fornuft kan man ikke tenke, og uten tenkning finnes ingen fornuft.

Det er imidlertid mulig å tenke uten å involvere fornuften, slik som i drømmesyner og visjoner. For meg synes det imidlertid som om begge disse aktivitetene skjer i drømme, og fornuften går ut fra den sovende til våken tilstand. For mennesket er delt inn i sjel og legeme, og bare når de to sidene av hans fornuft er i samsvar med hverandre, blir den tanken som er unnfanget av bevisstheten uttrykt. For det er bevisstheten som unnfanger alle tanker. Det er gode tanker når de plantes av Gud, og det motsatte når de kommer fra åndene. Ingen del av kosmos er fri for åndsmakten. Åndene mottar sitt lys fra Gud, og sniker seg inn for å så sitt verk.

Bevisstheten unnfanger frøet som er sådd. Utukt, drap, fadermord, helligbrøde, gudløshet, kvelning, stup ned i avgrunnen og alle slike handlinger er de onde åndsmaktenes verk. Det er følgelig ikke mange av Guds frø, men de er til gjengjeld enorme i utstrekning og de er skjønne og gode. De er fylt med dyd, selvkontroll og hengivenhet. Hengivenhet er erkjennelse om Gud, og den som kjenner Gud blir fylt med alt godt. Det mennesket tenker guddommelige tanker, ikke slike tanker som de fleste tenker.

Dette er årsaken til at de som har erkjennelse ikke behager massene, ei heller behager massene dem. Man tror de er gale, og spotter dem. De blir forhatt, fordømt og av og til blir de til og med drept. For vi sa at det onde nødvendigvis må ha sitt bosted på jorden, hvor det er på sitt eget sted. Det ondes sted er jorden, ikke kosmos som noen av og til sier med gudløse tunger.

Den som har hengitt seg til Gud, vil imidlertid utholde alt dette, så snart han har ervervet erkjennelse. For ham, er alt godt, selv om det kan synes ondt for andre. Med viten og vilje, henviser han dem til erkjennelsen, og det mest storslåtte er at det bare er han som gjør onde ting gode.

Jeg vender imidlertid tilbake til diskursen om fornuften. Det tilkommer mennesket å bruke sansene med fornuft. Men, som sagt, har ikke ethvert menneske glede av fornuften - siden noen mennesker er mer opptatt av det materielle enn av væren. Som sagt, materialisten i det onde, har sin tankes frø fra åndsmaktene, mens de andre menneskene, som omgis med det gode, blir ivaretatt av Gud.

Gud er alle tings skaper, og i sin skaperakt gjør han alt likt seg selv og han holder øye med dem i deres gode gjerning.

Det er den kosmiske kursen som avgjør hva de blir. Den skitner noen til med ondskap - og renser andre med det gode.

For også kosmos, Asclepius, har sin egen type fornuft. Den er ulik menneskets, da den ikke er så mangfoldig, men er mer spektakulær og enkel.

Kosmos' eneste fornuft og tanke, er å lage alt, og så føre det tilbake til seg selv, som et organ av Guds vilje, som er organisert på en slik måte at det mottar alle frø fra Gud. Det holder dem i seg, trekker dem til livet, oppløser dem, og skaper dem på ny. Som livets dyktige gartner, tar det på den måten til seg det oppløste og fornyer det. Det er ingenting det ikke gir liv. Det gir liv ved å ta dem til seg - og er samtidig livets sted og dets skaper.

Legemenes masse lages på forskjellige måter. Noen er av jord, noen av vann, noen av luft og noen av ild. Alle lages, mer eller mindre enkle eller sammensatte. De tunge er mest sammensatte, mens de lette er mindre. Det er farten på kosmos' kurs, som utgjør de mangfoldige tilblivelser. Gjennom å være en hurtig pust, overfører den sine kvaliteter med fylde, som er livet.

Gud er slik opphav til kosmos, og alt som er i det. Kosmos er Guds sønn, men det som er i kosmos er av kosmos. Med rette har dette blitt kalt en kosmisk orden, for alt ordnes etter sin mangfoldige tilblivelse, og alt får liv. Slik skjer det, gjennom dets utrettelige aktivitet, med nødvendighet, gjennom elementenes komposisjon og vesenenes forordning.

Derfor bærer det navnet orden, som seg hør og bør.

Fornuften og tanken kommer derfor inn i livene fra utsiden, pustet inn i dem av det som opprettholder dem. Kosmos mottar dem kun én gang, og beholder dem som en gave fra Gud.

Gud er imidlertid ikke utenfor tankens og fornuftens rekkevidde, slik noen tror. Det er mistro som får folk til å hevde dette.

For alt som finnes er i Gud, Asclepius. Alt er blitt til ved Gud og er avhengig av ham. Dette innbefatter det som handler gjennom sjel og legeme; noe får liv gjennom ånden, andre gjennom de døde restene. Alt dette er rettvist. Heller enn å si at han har disse tingene, ville jeg si at han er dem. Han får dem ikke utenfra, men gir dem av seg selv. Det er Guds tanke og fornuft, å holde alle ting i bevegelse. Ingenting av det som er, vil opphøre. Og når jeg sier dette, mener jeg at ingenting av Gud vil opphøre. For Gud har det som er, og intet er uten ham, og heller ikke er han uten noe.

Om du tror du forstår dette Asclepius, vil det oppfattes som sant, men om du ikke fatter det, virker det utrolig.

Å forstå er å tro, tror man ikke, så forstår man ikke. Ordene mine leder an til sannheten. Bevisstheten er mektig, og etter å ha blitt ledet til et visst punkt, evner den selv å komme til sannheten. Når man har vurdert alt dette, og funnet ut at det samstemmer med det som er behandlet av fornuften, finner man resten i troen. Det er forståelig for de som ved Guds hjelp har evnet å fatte det som er forklart ovenfor, men for de andre er det uforståelig.

Hermed er det sagt nok om tanke og fornuft.

# NØKKELEN

Hermes:    Gårsdagens leksjon ble dedikert til deg,
           Asclepius, så det er bare rett og rimelig at
           dagens  leksjon dedikeres til Tat; særlig siden
           denne binder sammen leksjonene jeg har gitt
           til ham.

           Gud, Faderen og det Gode, Tat, har samme
           natur eller rettere sagt; samme kraft.

           For naturen er en forutsetning for vekst, og den
           brukes av det bevegelige og det ubevegelige,
           som er i forandring. Det vil si både menneske
           og det guddommelige, alle de han har villet til
           livet.

           Kraft består imidlertid av noe annet, som
           vi har vist gjennom behandlingen av det øvrige,
           både det guddommelige og det menneskelige.
           Vi må ha dette i sinne, når vi behandler det gode.

           Guds kraft er hans vilje. Hans essens er å ville
           alle tings væren. For hva er vel Gud, Faderen og
           det gode, for uten tilblivelsen av alt som er blitt
           til og det som enda ikke er blitt til? Det er dette
           som er Gud, Faderen og det Gode.

           Selv om kosmos, det vil si solen, er opphav til
           dem som tar del i det, er det ikke opphav til det
           gode i deres liv - og heller ikke deres liv.
           Så i den grad det gir opphav, er det beordret
           til å være dette, av den godes gode vilje
           som intet vesen eller tilblivelse kan være
           foruten. Ved å ta del i den godes begjær som

kommer fra solen, er foreldrene barnas årsak. Det er det gode som står for skapelsen. En slik kraft kan kun eies av ham som intet krever, men som vil at alt skal bli til. Og Tat, jeg vil ikke si "lager". For den som lager noe, kan lage noe ufullkomment. Det er perioder han lager og perioder der han ikke lager noe, og kvaliteten og kvantiteten kan være forskjellig.

Gud, Faderen og det Gode, er årsaken til alt som er. Slik fremstår det for dem som kan se.

For det er og vil bli seg selv, og årsak til seg selv, alle andre ting er blitt til på grunn av det. Det godes umiskjennelige trekk, er at alt skal komme for en dag. Slik er det gode, O Tat.

Tat:        Du har fylt oss med et så godt og vakkert syn, at mitt indre blikk nesten er blitt en gjenstand for tilbedelse.

Hermes:     For det godes visjon, er ikke som solens stråler som brenner øynene og får dem til å lukke seg. Den får dem heller til å se klarere, i den forstand et menneske har mulighet til å ta imot stråleflommen som kun bevisstheten kan fatte. Ikke bare kommer det raskere ned til oss, men det volder oss heller ikke noen skade, og er mettet med evig liv.
            Den som i større monn enn andre, evner å drikke av dette, mister kroppsbevisstheten av dette vakre synet, slik som det skjedde med våre forfedre Uranus og Kronos.

| Tat: | Måtte det skje med oss, far. |
|------|------------------------------|

| Hermes: | Måtte det skje, min sønn. Vi er imidlertid ikke bundet til visjonen, og enda har ikke våre sinns øyne kraft til å se på det godes ufattelige og ukrenkelige skjønnhet. |
|---------|---|

For bare når du ikke kan si noe om den, kan du se den. For erkjennelsen av det gode, er en hellig stillhet og sansenes hvile.

Den som ser det, kan ikke fatte noe annet, heller ikke se eller høre noe annet, ei heller flytte seg. Alle sansene faller til ro, og bevegelsen opphører. Da det skinner gjennom hele hans verden, skinner det gjennom hele hans sjel, og det trekkes gjennom legemet, og forvandler ham til essens.

For det er mulig at menneskets sjel skulle kunne være som Gud mens det fortsatt er i legemet, om dette mennesket kontemplerer det godes skjønnhet.

| Tat: | Være som Gud? Hva mener du far? |
|------|----------------------------------|

| Hermes: | Alle atskilte sjeler har forvandlinger, sønn. |
|---------|-----------------------------------------------|

| Tat: | Hva mener du? Atskilt? |
|------|------------------------|

| Hermes: | Hørte du ikke i den generelle leksjonen at alle sjelene som vandrer rundt, som om de var |
|---------|---|

atskilte, kommer fra én eneste sjel, allsjelen?

Mange forandringer vedrører disse sjelene, noen til det bedre og noen til det verre. Noen av krypene forandret seg for å bebo vannene, sjelene i vannene forandret seg til å bebo jorden, de på jorden til vesener med vinger og sjelene i luften forandret seg til mennesker, mens menneskets sjel gikk sine første skritt mot udødeligheten - og å bli en ånd.

Slik sirkulerer de mot den ufeilbarlige Guds kor. For hos gudene finnes det to kor, de feilbarlige og de ufeilbarlige. Og dette er sjelens mest fullkomne herlighet.

Om sjelen imidlertid skulle fortsette sine nedrige handlinger når den kommer inn i et menneske. Da vil den ikke smake udødeligheten eller ta del i det gode, men igjen gå tilbake til å bli et kryp. Dette er de onde sjelenes dom. Sjelens fordervelse er uvitenhet. For sjelen som ikke kjenner til det som er, eller sin natur, eller det gode, er blendet av legemets lidenskap - og kastes slik rundt.

Denne fortapte sjel, som ikke vet hvem den er, blir fanget i merkelige former, og den bærer legemet som et lodd, ikke som dens hersker, men som en som er blitt behersket. Denne uvitenheten er sjelens fordervelse.

På den annen side er sjelens erkjennelse. For den som vet er god, ren og guddommelig mens han enda er på jorden.

| | |
|---|---|
| Tat: | Men, far, hvem er slik? |
| Hermes: | Han som ikke sier mye, og som heller ikke lytter mye. For den som bruker tiden på å diskutere og høre på argumenter, han er en skyggebokser. Gud, Faderen og det gode, kan ikke nås gjennom å tale eller lytte. |
| | Til tross for dette, har alle vesener sanser, og de kan ikke greie seg uten dem. |
| | Erkjennelse er annerledes enn fornuft. For fornuften er blitt til ved det som har herredømme over oss, mens erkjennelse er vitenskapens grense, og vitenskapen er Guds gave. |
| | All vitenskap er uten legeme; redskapene den bruker er bevisstheten, slik som bevisstheten bruker kroppen. Begge bruker legemet, fordi begge fatter det materielle. |
| | Alt består av motpoler, og uten dette ville de ikke vært. |
| Tat: | Hvem er den materielle guden du snakker om? |
| Hermes: | Kosmos er vakkert, men ikke godt. For det er materielt og forgjengelig, og selv om det er den første av alle forgjengelige ting, står det i annen rekke i forhold til egen væren og egne behov. Siden det er evig, og ikke har noen fødsel i tiden, er det et vesen i tilblivelse. |

Det er tilblivelsen av kvalitet og kvantitet, for skapelse er materiens bevegelse.

Den ubevegelige bevissthet flytter materien. Kosmos er en sfære, eller et hode, og det finnes ikke noe materie over hodet, heller ikke noe mentalt under føttene hvor alt er materielt. Bevisstheten er hodet, og beveger seg i en sfære, det vil si på en måte som passer hodet.

Derfor er alt dette forent i toppen av hodet, sjelen, som er udødelig. Slik som kroppen er laget av sjelen, har det som er forent med hodet mer sjel enn legeme. Det som er lengre unna toppen, har større andel legeme enn sjel, og er gjennom sin natur underlagt døden. Helheten utgjør et liv, så universet består av både materie og bevissthet.

Kosmos er, som tidligere sagt, det første som kom til liv. Mennesket var det andre, selv om det var først til å bli underlagt døden.

Mennesket har den samme besjelede kraften i seg, som alt annet som lever. Det er imidlertid ikke godt, og ikke bare er det ikke godt, men direkte korrupt, for det er underlagt døden.

Selv om kosmos ikke er godt, da det er underlagt bevegelse, er det ikke ondt, da det ikke er underlagt døden. Mennesket, som er underlagt både bevegelse og død, er korrupt.

Menneskesjelens disposisjon er da slik: Bevissthet i fornuft, fornuft i sjelen, sjel i kroppen. Ånden farer gjennom legemet.

Gjennom vener, arterier og blod, gir den
det levende vesenet bevegelse - og slik
opprettholdes det. Derfor tror noen at
sjelen er i blodet, og slik misforstår de
dens natur. De vet ikke at ved døden er det
ånden   som først trekker seg tilbake inn
i sjelen, mens blodet størkner og vener og
arterier tømmes. Dermed trekker det
levende vesenet seg tilbake - og kroppen dør.

Alt avhenger av én kilde, mens kilden er
avhengig av den eneste Ene. Kilden trekker seg
tilbake for å bli kilde igjen, mens den Ene står
ubevegelig fast.

De er tre: Gud, Fader og det gode; kosmos
og mennesket. Gud inneholder kosmos,
kosmos inneholder mennesket.
Kosmos er Guds sønn, slik som mennesket er
kosmos' barn. Dette vil ikke si at Gud ignorerer
mennesket, nei - han kjenner det, og vil være
kjent.

Gudserkjennelse er menneskets eneste
forløsning. Det vil si å stige opp til gudenes
bolig. Kun gjennom ham blir sjelen god, men
den forblir ikke god, da den av nødvendighet
forfaller.

Tat:          Hva mener du, Trismegistus?

| | |
|---|---|
| Hermes: | Se en nyfødt sjel, min sønn, som enda ikke er skåret løs, for kroppen er enda liten, og enda ikke kommet til sin fulle form. |
| Tat: | Hvordan? |
| Hermes: | En slik sjel er skjønn, som enda ikke har henfalt til legemets lyster, men henger fra den kosmiske sjel. |

Hermes: En slik sjel er skjønn, som enda ikke har henfalt til legemets lyster, men henger fra den kosmiske sjel.

Da kroppen begynner å vokse, og trekker sjelen ned i materien, skjærer sjelen seg løs fra den kosmiske sjelen og pådrar seg forglemmelse. Den tar da ikke lenger del i det godes skjønnhet. Det er denne forglemmelsen, som blir fordervelsen.

For da sjelen trekker seg inn i seg selv, trekker ånden seg inn i blodet, og sjelen seg inn i ånden. Og da bevisstheten, avkledd og naturlig guddommelig, tar til    seg et ildfullt legeme, overskrider den rommet, etter å ha forlatt sjelen til den dom og straff, som den har fortjent.

Tat: Hva mener du med dette, far? Bevisstheten er skilt fra sjelen, og sjelen fra ånden? Men du sa at sjelen var bevissthetens drakt, og sjelen åndens?

Hermes: Den som hører, min sønn, burde tenke og ånde i samklang med den som snakker, eller rettere sagt, han burde ha en mer følsom hørsel enn stemmen til den som snakker.

Det er i jordens legeme at ordningen med kledningene skjer, min sønn. Det er umulig at sjelen skulle ta sete i et jordisk legeme ved sitt eget nakne selv. For på den ene side er det ikke mulig at et legeme skulle kunne romme en så utstrakt udødelighet, men på den annen side, er det ikke mulig at en så stor dyd skulle holde ut å være i så nær kontakt med en dødelig kropp. Den forholder seg til kroppen som en konvolutt.

Sjelen som også er guddommelig, bruker ånden som en konvolutt, mens ånden trer inn i det levende legemet.

Da bevisstheten frigjør seg fra det jordiske legemet, tar den straks på seg sin rettmessige ildkappe, som den ikke kunne bære i jordlegemet. For jord bærer ikke ild, for den antennes ved den minste gnist. Derfor tømmes vann på jorden, som vokter og vegg mot ildtungene.

Bevisstheten, som er hurtigst av de guddommelige og raskere enn alle elementene, har ilden som legeme. Bevisstheten som byggherre bruker ilden som redskap for å konstruere alt. Den universelle bevissthet kan lage alt, mens menneskets bevissthet kun kan lage jordiske ting.

Uten bevissthetens ild kan ikke mennesker

på jorden lage guddommelige ting, da det er i materien.

De av menneskenes sjeler som er gudelige, er både åndsvesener og guddommelige.

Når en slik sjel befris fra legemet, blir den til fullkommen bevissthet. Dette skjer om den har kjempet den gudelige kamp. Det vil si å kjenne Gud og ikke gjøre noe galt mot noen.

Den ugudelige sjel blir tuktet, av seg selv, i sin egen essens, mens den søker en materiell menneskelig kropp den kan tre inn i.

For ingen annen kropp kan romme en menneskelig sjel, heller ikke er det rett at en menneskelig sjel skulle kunne falle inn i noe som ikke har fornuft. For Guds lov forbyr at en slik grusomhet skulle kunne skje.

Tat: Hvordan straffes menneskets sjel, far?

Hermes: Finnes det noen verre straff for menneskets sjel enn ugudelighet, min sønn? Finnes det noen flamme som er voldsommere en ugudelighet? Hvilke villdyr skader kroppen, slik som ugudelighet skader sjelen?

Ser du ikke hvilke sykdommer den ugudelige sjelen bærer? Den hyler og skriker: "Jeg svir og brenner! Jeg vet ikke hva jeg skal skrike eller gjøre, ah, forferdelige meg, jeg fortæres av alle sykdommer som vedkommer meg, stakkars meg, jeg kan verken se eller høre!"

Slik skriker den straffede sjel. Ikke som mange hevder, og du med dem min sønn, at et menneskes sjel blir til et dyr da det forlater legemet. Dette er et grovt mistak, for lidelsen er denne:

Da bevisstheten blir en ånd, krever loven at den tar på seg et brennende legeme, for å utføre Guds tjenester. Den trer inn i den ugudelige sjel og pisker den med fordervelsens pisk. Da den ugudelige sjel piskes med sine fordervelser, kastes den inn i mord, overtredelser, blasfemi, alle former for vold, alle ting som skader menneskeheten.

Den gudelige sjel veileder bevisstheten til erkjennelsens lys. En slik sjel går aldri lei av å synge Guds lovsang og skjenke alle tenkelige velsignelser over menneskeheten. Denne gjør godt i ord, gjerning og alt den er, i likhet med sitt opphav.

Derfor bør du be til Gud, min sønn, og be for at ditt sinn blir til den gode bevissthet. Sjelen går da til et bedre sted, og kan ikke forfalle.

Videre har sjelene omgang med hverandre, gudenes sjeler har omgang med menneskenes; og menneskenes sjeler med vesener uten fornuft.

Det høyere har herredømme over det lavere. Gudene passer på menneskene, og menneskene passer på de irrasjonelle dyrene, mens Gud har ansvar for alt - for han er høyere enn dem alle, og alle er underlagt ham.

Kosmos, mennesket og de irrasjonelle dyrene er underlagt Gud. Gud er over alle, og inneholder alle.

Guds stråler; for å bruke et bilde, er hans krefter slik som kosmos er for naturen eller kunsten og vitenskapene for menneskene. Guds krefter virker gjennom kosmos. Kosmos virker gjennom naturen på mennesket og naturens stråler virker gjennom elementene. Mennesket virker gjennom kunsten og vitenskapene. Dette er universets mandat, som er forbundet med den Ene. Det er ingen måte som er mer guddommelig og effektiv i foreningen av mennesket med gudene og gudene med menneskene, enn gjennom den gode bevissthet.

Bevisstheten er den gode åndsmakten. Velsignet er den sjel som i stort monn er fylt med den - og stor synd er det på den sjel som ikke har bevissthet.

Tat:                Hva mener du med dette?

Hermes:         Tror du at alle mennesker har den gode bevissthet? For det er den vi snakker om. Ikke den tjenende bevissthet, som stiger ned for å straffe sjelene.

Sjelen kan ikke tale eller handle uten

bevissthet. For i blant forlater bevisstheten
sjelen og da kan sjelen verken fatte eller forstå -
og den er da blottet for fornuft. Slik er
bevissthetens kraft.

Den kan imidlertid ikke utholde en forvorpen
sjel, men lar den forbli jordbundet. En slik sjel
har ikke bevissthet, min sønn, den burde derfor
følgelig ikke kalles menneske. Et menneske
er en tilblivelse av guddommelig opphav, og
måles ikke som resten av skapelsen. Mennesket
måles etter de himmelske, som kalles guder.
Om sant skal sies, er det sanne mennesket
høyere enn gudene, eller i det minste jevnbyrdig.

For ingen av gudene i himmelen
kommer til jorden ved å overskride himmelens
grenser, men mennesket derimot klatrer opp
i himmelen. For mennesket vet hva som er
høyt og lavt. Og størst av alt er det at det
kan stige opp, uten å forlate jorden; en slik
veldig ekstase mennesket tar del i.

Derfor kan mennesket si at det er Gud,
underlagt døden; mens Gud i himmelen er det
udødelige mennesket.

Slik er alle mandat blitt til. Ikke gjennom
kosmos og mennesket, men gjennom den Ene.

# Bevisstheten taler til Hermes

Bevisstheten:     Forstå denne leksjonen, Trefoldig store Hermes, og husk det talte ord. For siden det tilkommer meg å tale, skal jeg gjøre så.

Hermes:     Siden mennesker sier forskjellige ting om Altet og det gode, har jeg ikke lært sannheten. Klargjør dette for meg, min mester. For jeg kan bare stole på ditt ord.

Bevisstheten:     Hør derfor min sønn, om hvordan det er fatt med Gud og Altet.

Gud, Evighet, Kosmos, Tid, Tilblivelse.

Gud skapte evigheten, evigheten skapte kosmos, kosmos skapte tid, og tiden skapte tilblivelse.

Det gode, det vil si skjønnhet, visdom og velsignelse, er essens - da dette kom fra Gud: evigheten, likhet, kosmos, orden, tidens forandring og tilblivelsens liv og død.

Guds krefter er bevissthet og sjel. Evighetens krefter er vedvarenhet og udødelighet. Kosmos' krefter er fornyelse og motstand mot dette. Tidens krefter er tiltagende og avtagende. Tilblivelsens krefter er kvalitet.

Evigheten er i Gud, kosmos i evigheten og tid, tid i tilblivelse. Evigheten står bestandig rundt Gud, kosmos beveges av evigheten, tiden begrenses i kosmos, tilblivelse skjer i tiden. Gud er derfor alle tings opphav, deres kjerne er evighet og deres materie er kosmos.

Guds kraft er evig. Evighetens virke er i kosmos, gjennom vedvarende tilblivelse.

Derfor vil kosmos aldri bli ødelagt, siden evigheten ikke kan ødelegges. Heller ikke opphører noe i kosmos å eksistere, da det er omgitt av evigheten.

| | |
|---|---|
| Hermes: | Hva er Guds visdom? |
| Bevisstheten: | Alle tings godhet, skjønnhet, herlighet, dygd og evighet. |

Evigheten beordret kosmos å yte udødelighet og vedvarenhet til materien. For dens væren er avhengig av evigheten, slik som evigheten er avhengig av Gud.

Skapelse og tid, har to forskjellige naturer i himmelen og på jorden. I himmelen er de uforanderlige og uopphørlige, men på jorden er de underlagt forandring og død.

Videre er evighetens sjel Gud, kosmos' sjel er evigheten, og jordens sjel er himmelen. Gud er i bevisstheten, bevisstheten er i sjelen, sjelen er i materien, og alle disse er evige.

Fra innsiden fyller sjelen legemet som inneholder alle legemer, som selv er fylt av bevissthet og Gud. Utenfor sirkulerer det veldige, fullkomne livet rundt kosmos. Inni fylles det med liv. I himmelen fortsetter det i balanse. På jorden under, vedvarer forandringen.

Evigheten opprettholder dette kosmos gjennom nødvendighet, forsyn, natur, eller andre ting som et menneske fatter eller burde fatte. Alt dette er det Gud som gir vitalitet. For Guds kraft kan ingen overgå eller sammenligne med noe menneskelig eller guddommelig.

Så tenk ikke, Hermes, at alt som er oppe eller nede, er som Gud, for da viker du bort fra sannheten. For ingenting er likt det som ikke har noen like; det som er ene og alene.

Tro ikke at noen andre kan erverve hans kraft. Hvem andre finnes enn ham som er liv, død og udødelighet? Og hva annet gjør han enn å skape?

Gud er ikke passiv, for da ville man ikke finne aktivitet noen steder, for alt er fylt av Gud. Verken i kosmos eller noe annet sted, finnes passivitet. For passivitet kan ikke betegne verken skaperen eller det skapte.

Alt må bli til på rett sted. For han som skaper, skaper alt, og er i dem alle. Han er ikke kun i enkelttingene. Gjennom selv å være kraft, henter han styrke fra det skapte og er ikke uavhengig av det. Alt han har laget er imidlertid underlagt ham.

Se gjennom meg, og se på det kosmos som er underlagt ditt blikk. Se nøye på dets skjønnhet, dets rene legeme - evig ungt og vitalt, det eldes aldri. Det blir heller stadig yngre. Se igjen på de syv underordnede verdenene, som evigheten forordnet etter sin plan.

Se hvordan deres forskjellige baner fullbyrder evigheten.

Se hvordan alt er fylt av lys, uten ild. For det er denne kjærligheten, samt motsetningenes ulikhet og blanding, som gir opphav til lyset som skinner ned gjennom Guds kraft. Se månen, forløperen til dem alle, naturens redskap, som forvandler dens lavere materie. Se på jorden som befinner seg midt i blant alt, den kosmiske skjønnhetens fundament, som ammer og nærer alt.

Kontempler så det udødelige livets mangfold og velde, og livene som er underlagt døden. Kontempler så de som befinner seg mellom motsetningene, for da ser du månens kretsløp.

Alle er fulle av sjel, og alle beveges av den, hver på sin måte. Noen beveger seg rundt himmelen, andre rundt jorden. Se hvordan det som er til høyre ikke beveger seg mot venstre - ei eller det som er til venstre mot høyre, og heller ikke det som er over mot det som er under, eller det som er under mot det som er over.

Alt er underlagt skapelse, min kjære Hermes. Du behøver ikke lenger lære av meg. Legemene har sjel og de beveges. Det er imidlertid umulig for dem å komme sammen, uten at noen fører dem sammen. Den som skulle kunne gjøre dette må være fullstendig og én.

Alle har forskjellig bevegelse og legemene er ulike. Til tross for dette har de samme hastighet. Det er derfor utenkelig at det skulle finnes to, eller flere, skapere som har laget dem.

For den enhetlige orden, opprettholdes ikke av mange. Den sterkere og den svakere vil bli rivaler, og de vil kappes. Jeg skal forklare: Om en skaper hadde ansvar for de dødelige, ville han ha laget udødelige, mens den andre som hadde laget udødelige, ville lage dødelige. Da det bare finnes én materie og én sjel, hvem skulle da styre skaperverket? Om begge skulle gjøre det, hvem skulle ha hovedansvaret?

Se det slik, at enhver levende kropp består av sjel og materie - selv om kroppen kan bestå av en udødelig, dødelig eller irrasjonell væren. Alle levende legemer er besjelede, mens de som ikke lever kun består av materie.

Etter sin egen skaper er sjelen i seg selv årsak til liv - mens alt levendes årsak, er han som skaper det som ikke kan dø.

Hermes: Hvordan kan det ha seg at liv som først er underlagt døden, er annerledes enn de udødelige?

Bevisstheten: Det er klart det er slik, og den som har gjort det, er én og åpenbar. For sjelen, livet og materien er også én.

Hermes:        Men hvem er det?

Bevisstheten:  Hvem andre enn Gud selv? Hvem andre gir liv
               til sjelene enn Gud selv? Således er Gud én.

               Det ville være latterlig om man etter å ha
               konstatert at kosmos et ett, solen én, månen én,
               skulle si at Gud selv kommer i et annet antall.

               Slik skaper han alt på forskjellig vis. Og hvor
               stort er det ikke for Gud å skape liv, sjel,
               udødelighet og forandring, da du selv også har
               så mange talenter? Du kan snakke, høre, lukte,
               smake, berøre - og du kan tenke og puste. Det er
               ikke forskjellige personer som lukter, går, tenker
               og puster, men én som gjør alt.

               For om ingenting kan være passivt, så kan vel
               heller ikke Gud være det? For om det er noe
               han ikke skaper, er han ufullkommen. Om han
               imidlertid ikke er passiv, men fullkommen Gud,
               er han alle tings skaper.

               Gi deg hen til meg for en stund, Hermes, og du
               skal bedre forstå hvordan Guds arbeid er ett - og
               forstå hvordan alle ting som er, var og skal bli,
               blir skapt. Og livet, min kjære, er vakkert og
               godt, for det er Gud.

               Om du forstod dette arbeidet i praksis, observer
               deg selv når du får lyst til å skape noe. Dette er
               allikevel ikke slik han opplever det, da han ikke
               gleder seg over sitt arbeid. For han har ingen å
               dele arbeidet med, for han er alltid på jobb, og er
               hva han gjør. For om han skilte seg fra sitt arbeid,
               ville alt forgå og alt liv ta slutt.

71

Om alt er liv, og livet er ett, da er også Gud én. Om alle i himmelen og på jorden er levende, om det ene livet er gitt dem av Gud og livet er Gud, da er alt Gud.

Livet er foreningen av sjel og sinn, døden er derfor ikke ødeleggelsen av dem som er forent, men oppløsningen av deres forening.

Evigheten er imidlertid Guds bilde. Kosmos er evighetens sol - og mennesket er solens bilde.

Menneskene kaller forandringen døden, siden legemet oppløses slik at livet trer tilbake til det umanifesterte. I denne leksjonen skal du imidlertid høre, min kjære Hermes, at også kosmos er underlagt forandring. For en del av det skal alltid være i det uskapte, slik at det aldri opphører å være. Dette skjer med kosmos, dette er dets sykliske gang og dets mysterier. Syklusene utgjør uendelige rotasjoner og mysteriet er fornyelsen.

Kosmos antar alle former, da det ikke har en egen ytre form, men forandrer seg i seg selv. Siden kosmos har alle former, hvordan er dets skaper? For på den ene siden skulle han ikke være blottet for all form, men om han var ren form, ville han vært som kosmos. Og ved å være én eneste form, ville han vært lavere enn kosmos. Hva kan vi da si at han er, uten å gjøre leksjonen vanskeligere? Dessuten kan vi ikke vanskeliggjøre Gud, for han har alle former.

Han har en form for seg selv. Den er ikke synlig for øyet, da den ikke har noe legeme, allikevel manifesterer den alle ideer gjennom legemer. Forundre deg ikke over at det er en ulegemlig form. For den er som fornuften, og som fjelltopper på bilder. De synes å stikke seg ut fra de andre, mens de i realiteten er glatte og flate.

Tenk nå på en mer vågal og sannferdig fremstilling: Akkurat som mennesket ikke kan leve uten livet, kan heller ikke Gud leve uten det største gode. For dette er Guds liv og bevegelse - å bevege alt og gi det liv.

Noe av det jeg har fortalt, må vi gå nærmere inn på. Prøv derfor å forstå hva jeg har å si. Alt er i Gud, men ikke slik at det ligger stødig, for det som ligger stødig er både legemlig og ubevegelig. Det som ligger stødig, er urørlig.

Tingene ligger på en måte i det ulegemlige - og på en annen i det manifesterte.

Tenk da på ham som rommer dem alle, men tenk at det ulegemlige ikke er mer begripelig, raskere eller mer potent. Tenk heller at det er det mest begripelige, det raskeste og mest potente av alt. Tenk da ved deg selv; å be din sjel reise til et hvilket som helst land og den vil fare raskere enn noen befaling. Be den så om å reise over havet og den vil fare som om den var der fra før. Be den også om å klatre inn i himmelen og den vil ikke trenge vinger, for intet vil hindre den - ikke solens ild eller virvelvind, eller de andre stjernenes legemer. For den skjærer gjennom dem alle, og farer opp til legemet deres.

Skulle du bryte gjennom denne også, så er det galt. For intet bak kosmos er deg tillatt.

Se hvilken kraft og fart du har. Kan du gjøre alt dette og ikke Gud? Vit da at Gud har alt i seg som en tanke, alt som er; hele kosmos.

Om du ikke gjør deg lik Gud, kan du ikke kjenne ham. For bare likemenn kjenner hverandre.

La deg derfor utvikle, slik at du oppnår denne storheten som overskrider alle grenser. Bryt ut av alle legemer, overskrid all tid, bli uendelig evighet. Og da - først da skal du kjenne Gud.

Ingenting er umulig for deg. Erkjenn at du er udødelig, og har kunnskap om all kunst, all vitenskap og om livet. Vær luftigere enn de høyeste høyder og lavere enn den dypeste avgrunn. Ta opp i deg alle vesenenes sanser; ild og vann, tørt og fuktig. Tenk at du er på alle steder samtidig; på jorden, i havet, i himmelen, som en ufødt i mors liv, som ung, gammel, død og i det hinsidige. Om du kjenner alle disse stedene samtidig, alle tider, steder, gjøremål, kvaliteter og kvantiteter; da skal du kjenne Gud.

Om du imidlertid låser sjelen inne i legemet, og fornedrer den ved å si: "Jeg vet ingenting og jeg kan ingenting. Jeg frykter havet, jeg kan ikke nå himmelen, jeg vet ikke hvem jeg var, hvem jeg skal bli." Hvilke forhold skulle da finnes mellom deg og Gud?

Du kan ikke vite noe om skjønnhet og det gode, så lenge du elsker ditt legeme og er ond. Det største onde, er å ikke kjenne det som tilkommer Gud.

Å ville og å håpe, er den rake vei, det godes egen vei, og begge fører med letthet frem til det høyeste gode.

Om du setter foten din på denne veien, vil du bli ledet alle steder. Du vil se det, både når du forventer det og ikke, når du er våken og i søvne, når du seiler eller går, dag og natt, i tale og i taushet.

Hermes:          Er Gud usynlig?

Bevisstheten:   Trå varsomt, for hvem er vel mer synlig enn ham? Derfor har han skapt alt, slik at du skal kunne se ham gjennom skaperverket. For ingenting er usynlig, selv ikke det som er uten legeme. Bevisstheten ser seg selv gjennom tenkning, mens Gud ser seg selv gjennom skapelse.

Så langt er disse tingene gjort klare for deg, Trismegistus. Reflekter over resten selv, og du skal ikke ledes vill.

# GUDS BEVISSTHET I MENNESKET

Hermes:     Bevisstheten O Tat, er av Guds egen essens, om
            en slik essens finnes. Og hva dette er, er det bare
            han som vet. Bevisstheten er derfor ikke atskilt
            fra Guds essens, men forbundet med den, slik
            som lyset er forbundet med solen.

            Denne bevisstheten i mennesket er Gud. Derfor
            er noen blant menneskene guder, og deres
            menneskelighet er nær ved å være guddommelig.

            For den gode genius sier: "Guder er udødelige
            mennesker, og mennesker er dødelige guder."

            I irrasjonelle vesener er imidlertid livet uten
            bevissthet. For der det er sjel er det også
            bevissthet, slik som det er liv der det er sjel. I de
            irrasjonelle vesenene er sjelen liv uten bevissthet.
            For bevisstheten arbeider for det gode i sjelen.
            Den bearbeider den, for dens egen skyld.

            I de irrasjonelle vesenene samarbeider
            bevisstheten med den enkeltes natur, mens i
            menneskets sjel frustrerer den den. For alle sjeler
            som kommer til kjødet, korrumperes av begjær
            og smerte. I det blandede legemet fosser smerte
            og begjær som nektar, og sjelen kastes inn i dem.

            Sjelen viser sitt lys til dem den dveler over, ved å
            motvirke deres forutinntatthet, slik som en god
            lege gjør mot et legeme som er sykt. Han påfører
            det smerte, ved å svi eller stikke det for helsens
            skyld. På samme måte påfører bevisstheten
            sjelen smerte - for å forløse den fra forlystelser

som gir opphav til alle sykdommer. Sjelens store sykdom er gudløshet. Ut av det, kommer forkjærlighet for det onde. Så ved å motvirke gudløshet, gjør den sjelen godt; slik som legen gjør godt for legemet.

Sjeler som ikke har bevisstheten som ledestjerne, deler samme skjebne som de irrasjonelle vesenenes sjeler. For sjelen blir deres samarbeidspartner og gir fullt spillerom for lidenskapene som sjelene er disponert for. Dette er lidenskaper som den irrasjonelle streber etter. Slike menneskesjeler, så vel som irrasjonelle dyr, kuer ikke sin utidige lyst og sitt sinne. Ei heller kuer de sin lidelse. For irrasjonelt lidenskap og begjær er utbredte sykdommer - og Gud har satt bevisstheten til å være dommer og bøddel for disse.

Tat:      I så måte, vil leksjonene du tidligere holdt om skjebnen, risikere å bli kullkastet.

Om det er så at det skulle være absolutt fatalt for et menneske å drive hor, være blasfemisk, eller på annen måte trå feil. Hvorfor straffes de, da de gjør det som er deres skjebne?

Hermes:      Alt er skjebnens verk, og uten den kunne ikke noe godt eller ondt skje på jorden. Det er imidlertid også skjebnen som vil at den som går vill, også skal lide.

La imidlertid spørsmålet om skjebne og overtredelser ligge, da vi har snakket om

77

disse i en tidligere leksjon. Denne leksjonen er om bevisstheten, om hva den kan gjøre og hvorfor den er så forskjellig i menneskene og i de irrasjonelle vesenene. Hos de sistnevnte forandres den fra å være av det gode, mens den hos de førstnevnte rensker ut de lidenskapelige og aggressive elementene.

Menneskene må kategoriseres i to; de som ledes av fornuft, og de som ledes av ufornuft.

Alle mennesker er underlagt skjebnen, men også skapelse og forandring. Disse er skjebnens begynnelse og slutt. Selv om alle styres av skjebnen, har ikke mennesker med fornuft de samme utfordringene som andre. For siden de har forløst seg fra det onde, lider de ikke under det.

Tat:       Hva mener du far? Er ikke horer og mordere onde - og hva med de andre?

Hermes:    Det er ikke det jeg sier. Men det bevissthetsstyrte mennesket, min sønn, vil lide slik som horen og morderen - selv om han ikke er en horkarl eller en morder. Forandring kan han ikke unnslippe, like lite som skapelse. Det er imidlertid mulig for den som har bevissthet, å frigjøre seg fra overtredelser.

Derfor hører jeg alltid på min gode genius (og hadde han skrevet det ned, ville han gjort menneskeheten en stor tjeneste, for han ser og snakker som det guddommelige Ordet, slik som den førstefødte gud):

Alt er ett, og frem for alt de åndelige vesenene. Vi lever i kraft og styrke, og hans bevissthet er det gode og selve sjelen. Våre liv skyldes hans kraft og evigheten. Hans sjel og bevissthet er god. Derfor er ikke de åndelige vesenene atskilte. Bevisstheten er derfor hersker over alt, og gjennom å være Guds sjel, kan den gjøre hva som helst.

Ta da med deg dette til spørsmålet du stilte om bevissthetens skjebne. For om du eliminerer alle trangsynte argumenter vil du innse at bevisstheten, som er Guds sjel, hersker over alt. Den hersker over skjebne og over lov - og alt annet. Intet er umulig for den. Den kan gjøre en menneskesjel fri fra sin skjebne, eller binde den i uvitenheten. Så langt, den gode genius' ord.

Tat:

Ja, dette var sannelig guddommelige, sannferdige og nyttige ord, far. Fortell meg da videre om sinnet som samarbeider med impulsene i de irrasjonelle vesenene.

For livets irrasjonelle impulser, skulle jeg tro er lidenskapene.

Om bevisstheten samarbeider med disse impulsene, og om de irrasjonelle impulsene er lidenskapene; da er bevisstheten også lidenskap og farges av lidenskapene.

Hermes: Godt sagt, sønn. Du stiller gode spørsmål, og da er det bare rett og riktig at jeg også svarer godt.

Alt åndelig er underlagt lidenskapene når det er i legemet, og på sett og vis er de selv lidenskaper. For alt som beveger seg er åndelig, og alt som beveges er legemlig. De åndelige beveges av bevisstheten, og bevegelse er lidenskap. Begge er derfor underlagt lidenskap, både beveger og den som beveges, den første hersker og den andre beherskes.

Når imidlertid et menneske frigjør seg fra legemet, frigjøres det også fra lidenskapene. Ingenting er ubevegelig, min sønn, alt er i bevegelse. Lidenskap er imidlertid forskjellig fra bevegelsen, da den ene er passiv og den andre er aktiv.

De åndelige opererer imidlertid på seg selv, for enten er de ubevegelige eller beveget, men i alle tilfeller er det lidenskap.

Legemer berøres imidlertid forskjellig og derfor er de bevegelige.

La ikke begrepene forstyrre deg, for handling og lidenskap er det samme. Å bruke det begrepet som lyder best skader ikke.

Tat:        Du har presentert læren på en klargjørende
            måte, far.

Hermes:     Betenk også, min sønn, at bevissthet og tale er
            to ting som Gud har gitt mennesket, og disse to
            overskrider alt dødelig liv.

            Bevisstheten er til for å kjenne Gud, og stemmen
            for å lovprise ham. Og om disse brukes riktig,
            skiller man seg ikke fra de udødelige. For når
            man forlater legemet, vil man bli ledet av disse
            to til gudenes skarer og den velsignede Ene.

Tat:        Hvorfor benytter ikke de andre vesenene seg av
            ordet?

Hermes:     De benytter seg av stemmen, ikke ord, og
            det er noe helt annet. Ordet finnes blant alle
            mennesker, mens stemmen er forskjellig for alle
            levende vesener.

Tat:        Menneskene snakker også forskjellig, ut fra hvor
            de kommer fra?

Hermes:     Ja, men menneskeheten er én, og ordet er ett,
            selv om det oversettes. Det er det samme i
            Egypt, Persia og Hellas.

            Det kan synes som om du ikke kjenner til
            fornuftens verdi og velde, min sønn. Den
            velsignede Gud, den gode genius, har sagt:
            "Sjelen er i legemet, bevisstheten i sjelen; men

fornuften er i bevisstheten, og bevisstheten i Gud. Og Gud er far til dem alle."

Fornuften er da bevissthetens bilde, og bevisstheten er Guds bilde. Legemet er formens bilde, og formen er sjelens bilde.

Materiens mest subtile deler er således luft, av luft kommer sjel, av sjel kommer bevissthet, og av bevissthet kommer Gud. Gud omgir og gjennomtrenger alt. Gud er i alt, og bevisstheten omgir sjelene med luft, og luften med materie. Natur, nødvendighet og forsyn er kosmos og materiens redskaper i etableringen av orden. Av det begripelige er alt essens, og likhet er deres essens.

Det er mange legemer i kosmos, for gjennom at disse skapte legemene innehar identitet, forandrer de seg ikke fra det ene til det andre, men forblir intakte i sin væren.

I alle andre skapte legemer er det et tall, for uten tallene, kan det ikke finnes struktur, komposisjon eller nedbryting. Det finnes strukturer som føder tall - og de som forøker dem - og de som fører dem tilbake til seg selv gjennom nedbryting.

Materien og hele kosmos er slik. Den veldige Gud og hans bilde er forent. Den som besvarer Faderens vilje og ordre, er full av liv. Intet kom livløst fra Faderen til dette kosmos' tidsaldre. For det er intet dødt, som har vært, er, eller skal bli til, i dette kosmos.

For Faderen ville at det skulle ha liv, så lenge det var til. Derfor trenger det en Gud.

Min sønn, hvordan skulle døden kunne være til i dette bildet av Altet, dette mangfoldige liv? For døden er korrupsjon og korrupsjon forderver.Hvordan skulle det som ikke kjenner til korrupsjon bli korrupt, og ødelegge deler av Gud?

Tat:        Men far, dør da ikke de livene som tar del i det?

Hermes:     Hysj, sønn! Det er begrepene som har ledet deg vill. De dør ikke, min sønn, men de legerte legemene oppløses. Oppløsning av legeringen er ikke det samme som død. De oppløses ikke for å ødelegges, men for å fornyes.

For hva er livets aktivitet? Er det ikke bevegelse? Hva er det i kosmos som ikke beveger seg? Det finnes ikke noe som ikke beveger seg, sønn.

Tat:        Ser ikke jorden ut til å være ubevegelig for deg også far?

Hermes:     Nei, min sønn, den er det eneste, om enn i hurtige bevegelser, som også er stabil. For hadde det ikke vært latterlig om den som nærer alt, ikke skulle ha noen bevegelse, da den lager alt og bringer det til liv? For skulle den som skaper liv gjøre dette uten bevegelse? Å spørre om det fjerde elementet er ubevegelig, er derfor latterlig.

For legemet som ikke gir tegn på bevegelse, gjør imidlertid ikke annet enn å bevege seg.

Vit derfor, min sønn, at alt som beveger seg i kosmos beveges mot ebbe eller flo. Det som lever beveger seg, men det er ikke sikkert at det som beveger seg lever.

Kosmos er i sin helhet ikke underlagt forandring, min sønn, men alle dets bestanddeler er det. Ingenting er imidlertid underlagt korrupsjon eller ødeleggelse. Det er betegnelsen som forvirrer folk, for det er ikke skapelsen som genererer liv, foruten denne opplevelsen. Det er ikke forandring som konstituerer døden, men forglemmelsen. Siden det er slik, er materie, liv, ånd, bevissthet og sjel udødelige - og det er av dette som livet lages.

Alt som lever skylder da bevisstheten sin udødelighet, og fremfor alt mennesket, som både er av Guds slekt og essens.

For det er bare med dette vesenet som Gud kommuniserer. Gjennom nattens visjoner og ved dagens tegn. Og gjennom alle ting forteller han om menneskets fremtid. Han taler gjennom fuglene, gjennom innvoller og inspirasjon - og den hellige eika.

Derfor hevder mennesket å kjenne til fortiden, nåtiden og det som skal bli.

Legg merke til dette også, min sønn, at alle de andre vesenene holder til i en del av kosmos. Vannvesenene holder til i vannet, jordvesenene i jorden, luftvesenene i luften. Mennesket bruker imidlertid alle: vann, jord, luft og ild.

Det ser også himmelen og kontakter den med sansene.

Gud omgir alt og gjennomtrenger alt, for han er vitalitet og kraft. Det er ikke vanskelig å fatte Gud, min sønn.

Se på kosmos' orden, om du vil kontemplere Gud, og se på forordningens organisering. Se nødvendigheten av det som er skapt, se skjebnene til det som er blitt til - og det som blir til. Se hvordan materien er full av liv, og se Guds storhet i bevegelse, med alle gode og edle guder, ånder og mennesker.

Tat:            Det du beskriver er aktiviteter far.

Hermes:       Hvis de bare er aktiviteter; hvem er det da som gir dem denne bevegelsen, om ikke Gud? Slik som himmelen, jorden, vannet og luften er deler av kosmos, er udødelighet og liv, kraft og ånd, nødvendighet og skjebne, natur, sjel og bevissthet deler av Gud. Og stabiliteten i alle disse, er det som kalles det største gode. Det er ingenting som har blitt til eller som blir til, som ikke er Gud.

Tat:            Er han i materien da, far?

Hermes:       I materien, min sønn? Hva slags sted ville da materien være? Hva var vel materien, annet enn masse, om den ikke var satt i bevegelse? Og om den har fått kraft, hvem har da gjort det? For kraft er som sagt en del av Gud.Hvem har gjort livene levende? Hvem har gjort det udødelige udødelig? Hvem har gjort det foranderlige foranderlig? Om du snakker om materie, legeme eller essens, skal du også vite at disse er av Guds kraft. Materie er materiens kraft, legemlighet er legemets kraft og essens er essensens kraft. Alt dette er Gud, altet.

I helheten er det intet som ikke er. Derfor finnes ikke størrelse, rom, kvalitet, form, eller tid utenfor Gud. For han er alt, og omgir alt, og gjennomtrenger alt.

Bøy deg for denne læren, min sønn, og tilbe den. Man kan bare tilbe Gud ved ikke å være ond.

# DEN HEMMELIGE FJELLTALEN

Tat: I den generelle leksjonen, talte du i uklare gåter om guddommelighet. Du klargjør ingenting når du sier at ingen kan bli forløst før gjenfødelsen finner sted.

Da jeg kom opp på fjellet for å bli din elev, snakket du til meg, og jeg lengtet etter å lære om gjenfødelse. Det var dette jeg kunne minst om, og du sa at du skulle lære meg om det, da jeg var blitt en fremmed for verden.

Jeg forberedte meg derfor, og gjorde mitt sinn fremmed for verdensillusjonen.

Og nå fyller du meg med kunnskapen om gjenfødelse, ved å fremme den i tale og i hemmelighet.

Jeg vet ikke, O Trismegistus, fra hvilken materie eller livmor som mennesket fødes, og fra hvilken sæd?

Hermes: Det er visdom som forstår i stillhet, og det sanne godes sæd, sønn.

Tat: Og hvem sår, far? For jeg er fortsatt på villspor.

Hermes: Det er Guds vilje min sønn.

| | |
|---|---|
| Tat: | Og hvordan er den som unnfanges? For jeg har ingen del i essensen som overskrider sansene. Vil den som unnfanges komme fra Gud, som Guds sønn? |
| Hermes: | Alt i alt, dannet av alle krefter. |
| Tat: | Du forteller meg gåter, far, du snakker ikke som en far til sin sønn. |
| Hermes: | Man utdannes ikke til å bli en del av slekten, min sønn; men når Gud vil skal erindringen om den bli gjenopprettet. |
| Tat: | Du snakker om umulige ting, far. Jeg trenger klare svar på dette. Skulle jeg som sønn, være ukjent for min fars slekt? <br><br>Hold det ikke borte fra meg. Jeg er en ektefødt sønn, forklar gjenfødelsen for meg. |
| Hermes: | Hva kan jeg si, min sønn? Jeg kan fortelle deg dette: Alltid når jeg ser den enkle visjonen som kommer fra Guds nåde i mitt bryst, så går jeg gjennom meg selv til et legeme som ikke kan dø.<br><br>Nå er jeg ikke lenger som jeg var, men er født på ny i bevisstheten.<br><br>Min tidligere sammensatte form er uinteressant for meg. Jeg kan ikke lenger berøres. Jeg har ytre former, men er blitt fremmed for dem. |

Du kan se meg, min sønn, men du kan ikke fult ut forstå hvem jeg er, med legeme og syn.

Tat: Du har ført meg ut i frustrasjon, far, for nå kan jeg ikke lenger se meg selv.

Hermes: Du har gått gjennom deg selv, min sønn, slik som en som sover, men som allikevel drømmer søvnløst.

Tat: Fortell meg også hvem som har forfattet gjenfødelsen?

Hermes: Guds sønn, Mennesket, av Guds vilje.

Tat: Nå forstår jeg ikke hva du mener. For jeg kjenner fortsatt igjen din storhet, i likhet med dine distinktive trekk.

Hermes: Du bedras, for den ytre kroppen forandrer seg hver dag. Tiden får den til vokse og minke, som et falskt vesen.

Tat: Hva er det da som er sant, Trismegistus?

Hermes: Det som ikke beveges, sønn. Det som ikke kan defineres, det som ikke har noen farge eller form, som ikke dreier rundt, som ikke har noen klesdrakt, men som gir lys.

Det er det som bare fattes av seg selv, som ikke forandrer seg og som ingen kropp kan romme.

Tat: Nå mister jeg forstanden, far. I det jeg trodde at du gjorde meg vis, innser jeg nå at sinnet mitt forhindrer meg.

Hermes: Slik er det, sønn. Det som trekker oppover som ilden, holdes allikevel nede som jorden. Det som er fuktig som vann, blåser som luft. Hvordan skal man forstå dette med sansene? Dette er verken fast eller fuktig, intet kan binde eller løse det, og mennesket kan bare oppfatte det som vitalitet eller kraft. Selv med denne forståelsen kreves det et menneske som kan fatte måten Gud føder på.

Tat: Og det kan jeg ikke, far?

Hermes: Det kan være så, sønn. Trekk deg tilbake i deg selv, og det vil komme til deg. Du må ville det for at det skal skje. Kast ut legemets sanser, og din guddommelighet skal fødes. Tving ut de dyriske lidelsene som kommer fra uforstand.

Tat: Har jeg lidelsene i meg, far?

Hermes: Ja, og ikke så rent få heller, min sønn. Mangfoldige og fryktelige.

| Tat: | Jeg kjenner ikke til dem, far. |
|---|---|

| Hermes: | Den første lidelsen, er ikke å vite, sønn. Den andre er sorg, den tredje utålmodighet, den fjerde kjønnsdrift, den femte urettferdighet, den sjette grådighet, den sjuende mistak, den åttende misunnelse, den niende troløshet, den tiende sinne, den ellevte korttenkthet, den tolvte ondskapsfullhet. |
|---|---|

Dette er de tolv, men under dem er det mange flere, min sønn. De kryper gjennom menneskelegemets fengsel, og påfører sanselige lidelser på mennesket som holder til der inne. Én etter én, forlater de imidlertid det mennesket som Gud har forbarmet seg over. Det er dette som utgjør gjenfødelsens lære.

Og nå, min sønn, ber jeg deg om andektig taushet. For slik vil Guds nåde ustanselig strømme ned over oss.

Gled deg, O sønn, for fra denne stund er du renset, slik at fornuften kan uttrykke seg gjennom Guds kraft. Guds erkjennelse har kommet til oss, og med denne kastes uvitenheten ut, min sønn.

Gledens erkjennelse er kommet til oss, og med den vil sorgen flykte til dem som gir den husly.

Jeg påkaller kraften som følger gleden, som er din selvkontroll. O herlige kraft. La oss ønske den velkommen, sønn. Og med sin tilstedeværelse, jager den fråtseriet på dør.

Nå, fjerde, kaller jeg på måtehold, kraften til å motstå begjær. Dette steget er rettskaffenhetens faste sete. Se hvordan urettferdigheten er kastet bort ved dom. Vi er rettferdiggjort ved urettferdighetens bortgang.

Jeg kaller på den sjette kraft, frihet fra å eie, som botemiddel mot grådighet.

Og nå da grådigheten er borte, kaller jeg på sannhet; og mistak forsvinner mens sannheten blir med oss.

Se hvordan det gode fylles ved sannhetens komme, min sønn. For misunnelsen er borte, og det gode, livet og lyset, har forent seg med sannheten.

Slik trekker mørkets lidelser seg bort. Fordrevet, har de flyktet på summende vinger.

Du kjenner nå gjenfødelsen, min sønn. Og når den tiende kommer, min sønn, drives de tolv ut, ved at erkjennelsens fødsel fullbyrdes.

Slik blir vi guder.

Hvem fødes da i Gud, ved hans nåde, og forlater legemets sanser?

Hvem kjenner at han er lys og liv, og slik er fylt av henrykkelse?

Tat:    Gjennom Guds standhaftighet, ser jeg ikke lenger med øynene, men med bevissthetens kraft får jeg også kraft, far.

Jeg er på jorden, i vannet, i luften. Jeg er i dyrene og i planter.

Jeg er i livmoren, før livmoren og etter livmoren.

Jeg er alle steder!

Men si meg, hvordan er mørkets lidelser, når de tolv drives ut av de ti? Hvordan skjer dette, Trismegistus?

Hermes: Stedet vi har reist gjennom, min sønn, er menneskets legeme, som er konstituert av de tolv, dyrekretsen, de tolv tegnene. Kroppens natur er én, men de tolv finnes i den, og de leder mennesket vill.

Tegnene er aktive i par, slik som uforsvarlighet er udelelig fra temperamentet. Vi kan ikke skille tankeløshet fra sinne, det er ikke en gang forskjell på dem.

Med rett sinnelag, trekker de tolv seg tilbake, eller de kastes ut av ikke mindre enn ti krefter, dette er det vi omtaler som de ti.

For ti er det som føder sjeler, sønn. Lys og liv er forent der den ene har sin væren fra ånden. Ifølge fornuften, rommer den ene de ti, og de ti den ene.

Tat: Far, jeg ser altet, jeg ser meg selv i bevisstheten.

Hermes: Dette er gjenfødelsen, min sønn. Aldri mer å se ting fra legemets tre dimensjoner. Dette er gjenfødelsesleksjonens gave, som jeg har gitt.

Slik viser vi ikke altet til de mange, men bare til dem som Gud vil.

Tat:            Fortell meg far, oppløses dette åndelige legemet?

Hermes:         Hysj, sønn! Snakk ikke om det umulige, for da
                begår du en overtredelse som kan føre til at din
                bevissthets øyne lukkes.

                Det naturlige legemet som vi sanser, er noe helt
                annet enn den åndelige fødselen.

                Den førstnevnte må oppløses, mens den
                sistnevnte aldri kan oppløses. Den første må dø,
                mens den andre ikke kan berøres av døden.

                Vet du ikke at du er født av Gud, sønn av den
                Ene, slik som også jeg er det?

Tat:            Jeg skulle gjerne høre lovsangen du sa du hørte,
                da du var i den Åttende.

Hermes:         Jeg skal resitere den, slik som Poimandres
                åpenbarte den Åttende sfære for meg. Du må da
                være frigjort fra legemet, for du er renset.

                Poimandres, den høyeste bevissthet, har lært
                meg mer enn jeg har skrevet ned. For han visste
                at jeg kunne lære meg alt, høre det jeg ville høre,
                og se alt.

                Han gav meg retten til å skape skjønnhet. Derfor
                synger kraften i meg, og i alt.

Tat:            Far, jeg vil høre og vite disse tingene.

Hermes:         Vær stille, sønn, og hør lovsangen som stemmer sjelen, gjenfødelsens hymne. Jeg trodde det ville være upassende å omtale denne hymnen, men du har nådd slutten.

Derfor snakker jeg ikke om det, men er isteden taus.

Stå derfor et sted som ikke er dekket av skyer, vendt mot sønnavinden. Gjør dette når solen går ned, og utfør da din bønn. Gjør også dette når du står opp, men vend deg da mot øst.

Vær stille nå, sønn.


## DEN HEMMELIGE HYMNEN.


La all verdens natur motta min hymne.

Åpne deg, jord!

La regnet regne uhindret.

Bev ikke, trær!

Jeg skal besynge Tilblivelsens Herre, som alt og én.

Åpne dere, himmelhvelv!

Løy, vind.

La Guds udødelige sfære motta min sang.

Jeg vil besynge ham som lot alt bli til.

Han som festet jorden og spente ut himmelen.

Dette, så havet skulle gi jorden herlige vann for menneskets bruk.

Han som lot ilden lyse for guder og menneskers verk.

La oss alle hedre ham som er høyt over himmelen, all værens herre.

Det er han som er bevissthetens øye; måtte han motta min heders kraft.

Krefter i meg, besyng den ene!

Syng med min vilje!

O, velsignede erkjennelse, som er opplyst ved deg. Jeg synger det åndelige lyset gjennom deg. Jeg gleder meg i bevissthetens herlighet.

Krefter, syng med meg!

Lovsyng, beherskelsen! Syng gjennom meg! Rettferdighet, du synger de rettferdiges lovsang. Min veldedighet velsigner Altet gjennom meg. Sannhet, sannhetens velsignelse.

Syng, velsignede gode! O Liv og lys, vår heder strømmer til deg.

Jeg takker deg Fader, som er mine krefters opphav.

Jeg takker deg Gud, mine krefters opphav.

Fornuften synger din lovsang gjennom meg.

Ta, gjennom meg, alt tilbake i din fornuft, min utvalgte offergave.

Slik roper kreftene i meg.

De synger din ære, du alt.

De gjør din vilje.

Fra din vilje til alt.

Motta fra alle deres passende offergave.

O liv, bevar altet i oss.

O lys, opplys altet.

O Gud, inspirer altet.

For bevisstheten leder ditt ord.

O bærer av livets ånde.

Du er Gud, O verdens skaper.

Dette proklamerer mennesket.

Gjennom ild, luft, jord og vann, gjennom ånde og gjennom dine vesener.

Fra din evighet har jeg funnet tilbedelse.

I din vilje har jeg funnet min søkens mål som hvile.

Gjennom din vilje bevitner jeg din lovsang.

Tat: Gjennom din gode vellyst, har jeg hørt

lovsangen sunget, O far. Jeg har også satt den i mitt eget kosmos.

Hermes: Tal i dette kosmos, kun det din bevissthet kan se, min sønn.

Tat: Ja, far, i det kosmos, som kun bevisstheten kan se, for din hymne har gjort det mulig for meg. Gjennom din lovsang har min bevissthet blitt opplyst.

Jeg skal nå fra min naturlige bevissthet fremme lovsang for Gud.

Hermes: Men vær ikke uforsiktig, min sønn.

| Tat: | Det jeg ser i bevisstheten, skal jeg si. |
|---|---|
| | Opphav som har født meg. |
| | Til Gud fremmer jeg gunstige gaver. |
| | O Gud og Far, du er Herren, du er bevisstheten. |
| | Motta fra meg de offergaver som du synes er passende, for gjennom deg fullkommengjøres alle ting. |
| | |
| Hermes: | Gi høvelige offergaver til Gud, alles opphav, men legg også til - 'gjennom ordet'. |
| | |
| Tat: | Jeg takker deg for at du lærer meg å synge slike hymner far. |
| | |
| Hermes: | Det er jeg som gleder meg over at du har fremmet sannhetens gode frukter. Frukter som ikke kan dø. |
| | Nå da du har lært dette fra meg, lov ved din sjel og din dyd, min sønn, å være taus om hvordan gjenfødelsen ble gitt deg, slik at vi ikke blir ansett som forrædere. |
| | Nå er vi begge tilstrekkelig forsiktige, jeg som formidler og du som lytter. |
| | I bevisstheten har du blitt en som kjenner seg selv, og vårt felles opphav. |

# Etterord

En senhøstes kveld for om lag 10 år siden ble jeg bedt om å kjøpe *Corpus Hermeticum*, og ta den med til en sammenkomst med noen venner.

På denne og flere påfølgende kvelder, leste, drøftet og utforsket vi materialets mysterier, på samme måte som aspirerende hermetikere hadde gjort i hundrevis av år før vår tid.

For det å studere disse tekstene, er forgården til forståelse av hermetismens ånd, og forståelse går forut for erkjennelse, som kommer gjennom samtale før taushet.

Jeg byr dere derfor å ta med dere denne boken til lesekvelder eller forsamlinger der svar på livets gåter forsøkes besvart, og gjøre som utallige menn og kvinner før oss. Les og tyd disse tekstene i nære venners lag, med det for øyet å avsløre de hemmeligheter som forfatterne førte i pennen for menneskets foredlings skyld.

Visita interiora terra rectificando invenies occultum lapidem!

**VITRIOL**